マレーシア人が見た！体験した！

日本企業の強みと弱み

株式会社 和《わ》の優《ゆう》グローバル ＣＥＯ

呉《ドー》 志豪《チハウ》

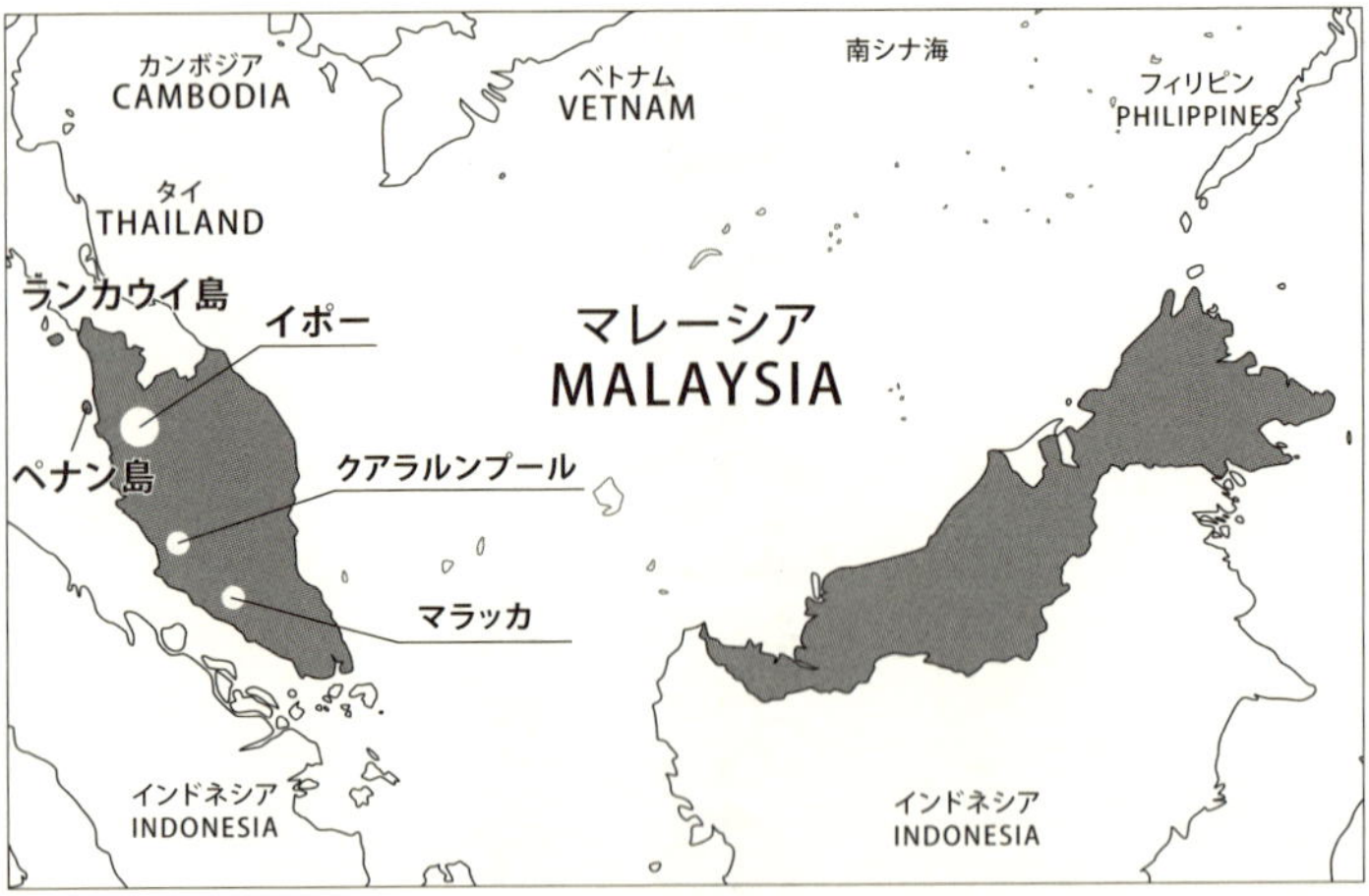

マレーシア政権の推移

マレーシアの政治は立憲君主制です。国王は小選挙区制の下に13州のうち9州のスルターンにより互選で選出される国家元首。世界でも珍しい、世襲でも終身でもない国王です。

政党は、与党連合の「国民戦線」と野党連合の「希望連盟」の二大勢力で、それぞれにマレー系、華人系、インド系などの政党が属しています。

行政の実権は首相にあります。2018年5月に92歳で再び首相に選ばれたマハティールさんは、かつて81年に初めて首相就任した折り、マレー系国民を優遇する「ブミプトラ政策」を推進し、日本に目を向けた「ルックイースト政策」を掲げて結びつきを強めた親日派です。

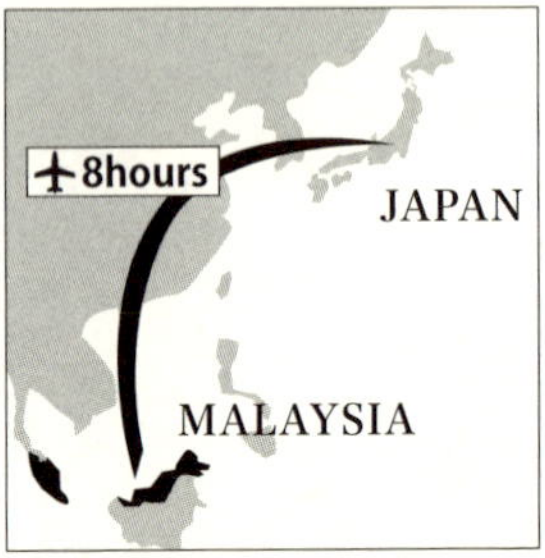

今回の選挙では、元与党連合のマハティールさんが野党連合のアンワルさん（かつての政敵）と組んで、与党連合のナジブさんを破りました。ナジブ政権の「金権政治」ぶりに大衆や公務員が反発し、マハティールさんに票が集まったようです。

まえがき

日本人が定年退職後に移住して暮らしたい国ナンバーワンと人気の高いマレーシア。外国人観光客数（インバウンド）は世界第7位。日本の30位に比べると、とても魅力的なところがあるようです。

そこに生まれ育った、やんちゃ番長ドー・チハウが21歳で日本に私費留学。恩人に救われながら早稲田大学 大学院卒の肩書を持ち、東京で起業。

所持金13万円で日本に初入国してから、億円単位の商いをする46歳の現在、4カ国語と人脈を武器につちかったグローバルビジネスの極意を披露します。

第1章　和の優れものを海外に発信したい

「ドー・ブランド」を日本と海外の架け橋に　12
2012年10月　東京で起業　12
目指すは社会貢献　13
夢と現実のギャップ　14
孟子の教訓『天地人』　15
Full Responsibility　19

第2章　家族

親子間の信頼と責任　21
ドー・チハウのファミリーヒストリー　22
父はコカ・コーラ　ペラ州の代理店経営者　24
母の起業に頭角を現した多角経営の才覚　27
夫婦喧嘩のタネは父の三度の飯より好きな政治活動　28
ドー少年が小学生で政治活動デビュー　29
「正義」と「社会への貢献」　32

第3章　イポーの少年時代

多民族国家の融通性のある考え方　36
中学時代は100余人を率いる番長　38
ドーのビジネスデビューは中学生で仲介業　40
初めての賭博ビジネスにエキサイトする中学生　41
番長参上！一触即発の抗争　42

第4章　留学生の芽生え

海外に留学したい　政治家になりたい　46
Japan as number one　49
学費・生活費の見通しがないまま留学ビザ先行手配　50
イポー空港から日本へ　旅立ち・両親との約束　52

第5章　日本の恩人たち

不安だらけ　初めてのニッポン　54
一人目の女神　呉ママさん　57
幸運到来！「はじめ」寿司　悲惨なバラバラ寿司出前　58

感謝してもしきれない　寿司「はじめ」店主と板さん　59
二人目の女神　お姉さん　62
三人目の女神　留学生相談室長　65

第6章　見えてきたグローバルスタンダードの格差

郷に入れば郷に従え　日本流マナーが功を奏した　67
ビジネス実践の恩師　青木三郎社長との出会い　68
新宿の夜に渦巻く危ない人達　暗躍する違法世界の縁に立つ　74
需要と供給のマッチングが利益を生み出す　76

第7章　大学院

四人目の女神　先輩の台湾女性留学生　78
Don't miss the chance やってみなきゃわからない　79
人生の大恩人から紅白熨斗の金封　80
早稲田大学 大学院は充実の学び舎　81
小和田恆先生　84

第8章　反面教師の日本企業

入社早々の洗礼　89
人材こそ起業の財産　91
終身雇用という弱点　92

第9章　リスペクトする社長

新木場の守り神　94
凄腕営業マン　お兄さん　99
顧客サービスは人脈と情報がベース　100

第10章　グローバルビジネスの始まり

ワンマン経営の社長と覇気の無い社員　103
極秘指令は海外営業・担当部員を外せ　106
「情報なき交渉」では負ける　値下げ交渉術の例　110
責任感のない日本企業人は接待に溺れる　112

第11章　中国に発注時の重大な認識

中国の工場を「指導」する　113
優秀な中国企業を育てる　116

第12章　企業は人なり

役割の責任　123
トップの優柔不断さが利益を阻む　124
出張・接待の落とし穴　124
松下幸之助の言どおり　126

第13章　カジノ経営

中国の三国志「関羽」に倣え　社会は人脈で回っている　127
香港「WAYU」の起業　129
損して得とれ　130
メイドインジャパンのカジノ法案ＩＲが決まった　133

第14章　「和の優」を輸出する

ソフトを「商品として輸出する発想 137

第15章　コンサルタント業

ブローカー・フィクサー 141
人脈は見えない超パワー　自身のステージは自身でつくる 144
私の人生哲学　『類は友を呼ぶ』 145
自身のブランドづくり 148

第16章　Communication　―コミュニケーション―

『わらしべ長者』は偶然の賜物 151
10分で人を見抜く　眼力の鍛え方 152
コミュニケーション能力のつちかい方 153
外国人が戸惑う　日本人の美学 154

第17章　日本人ビジネスの強みと弱みは表裏一体
日本人特有　迷いの文化　157
石橋を叩き割らず　とんとん拍子に渡り切れ　158

第18章　日本企業を知る5つのポイント
ポイント1　161
ポイント2　164
ポイント3　167
ポイント4　170
ポイント5　173

第19章　マレーシアと日本の架け橋
日本からマレーシアへ　177
マレーシアから日本へ　178
政治家へのステップ　183

第1章　和の優れものを海外に発信したい

「ドー・ブランド」を日本と海外の架け橋に

日本の優れた製品やサービスを、世界に向けて発信したいと一途に思い、グローバルビジネスを展開しています。

私の事業において真価を発揮する、信頼と信用がブランド価値。私はこれを「私に対するブランド」と呼んでいます。「ドー・ブランド」と、でも申しましょうか。

日本企業がグローバル化し続けて、東南アジア諸国と共に更に発展する時、私のブランドビジネスが海外の架け橋になるのが目標です。

2012年10月　東京で起業

21歳の来日以来18年目にして遂に「株式会社　和の優」（東京都中央区銀座、資本金

888万円）を設立しました。39歳でした。

「日本の優れた商品やサービスを世界に発信する」これが会社名「和の優」に込めた心です。

これまで多くの日本人に出会い、日本企業で勤務し、日本人と日本企業の「良さ、強み」を体得しました。同時に、グローバル企業の成長を阻む弱点も学びました。

国際ビジネスの必須ツール言語は、母国語のマレー語同様に使われている英語、中国語と上達した日本語が、ますますヒューマンネットワークとビジネスエリアを広げています。

目指すは社会貢献

社会貢献。これが私の起業の理念であり、海外との架け橋となる事業がすなわち「株式会社和の優」の目指す社会貢献です。起業時の事業内容は次の四つ。

Ⅰ　貿易業
Ⅱ　不動産投資、管理業
Ⅲ　日本企業へのコンサルタント業
Ⅳ　ＡＩ（人工知能）などの未来産業

夢と現実のギャップ

まず、事業は貿易業から始めました。東京のT企画に勤務時代に、中国とのビジネスで実績を上げた貿易業に自信があったからです。

最初に手がけたのは、日本産の化粧品を中国へ輸出する事業でしたが、残念ながらうまく軌道に乗りませんでした。それは中国市場のマーケティング不足のためで、エンドユーザーのニーズを把握しきれていませんでした。単に品質の良い商品だから、どこにでも誰にでも売れるわけではないと痛感。忸怩たる思いをしましたが、実態を学習する良い機会となりました。

貿易ビジネスには一番自信があったにもかかわらず、出鼻をくじかれる結果に終わり『やはり、起業は甘くない……』と実感させられます。これまでの実績は、勤務会社のブランド傘下で自分の交渉力や市場開拓力も有効であったと思い知らされました。この後もいくつかの貿易をしましたが、イメージ通りにはいかず『もう貿易業から撤退するほかないか』と考え始めました。

七転び八起き

起業当初の事業失敗の反省点は、
（信頼がない↓）実績と資金力のない立場で商品売買をする
（責任がない↓）自らのリスクを始めから背負わないスタンス
この状態では、事業は成立しないということでした。

心機一転　不動産ビジネス

当りくじのはずの貿易ビジネスが、外れくじを引いてしまったようで気弱になりかけた頃、一方で手掛けていた不動産ビジネスがうまくいき、収益を上げるようになってきました。

孟子の教訓　『天　地　人』

孟子の教え『天地人』（天の時は地の利に如かず 地の利は人の和に如かず）の一節にあるとおり、

この天地人の調和がなす物事において説かれていることを、ふと思い返してみました。日本の武将、武田信玄も採りいれた兵法ですが、私流に当てはめると、こういうことだったのかと思います。

不動産ビジネス成功への3ステップ

「地の利」生み出す資金――一つ目は、国内での住宅マンション投資です。

情報網を張り巡らせておき、東京都心の少し家賃が高くても借り手がすぐに見つかる好物件を見つけては、迅速な判断で買付けます。

好物件の条件とは「地の利」。どんなビジネスにも環境が大事で、不動産は言うまでもなく、場所そのものが商品です。アクセス、セキュリティー、文化、教育、医療、を集約する生活環境が、すなわち商品価値なのです。

「天の時」チャンスをつかめ――二つ目は、交渉力を持つことです。

交渉力の武器はマネー（金）。金の持つ力を利用して交渉に挑みます。投資目的ですからマンションはローンではなく即金で購入することを心がけていました。例えば２９００万円の物件を、すぐにでも現金が欲しい売主から２５００万円で買う。これを賃貸マンションとして一カ月25万円で貸せば、年間３００万円の収入で、10％を軽く超える利回りになる。とても分かりやすい簡単な計算ですが、これはマネーが交渉力となってつくり出した利益です。

日本でつくった原資を元手に積み上げ、香港でも「WAYU Ltd. HONG KONG」を設立しました。事業推進の両輪は、カジノクルーズ（洋上で合法的にカジノを開催する施設をもった船）の経営を片輪とし、もう片輪は日本でつちかったノウハウを基に、香港でも不動産投資を行いました。ちょうど香港は日本のバブル期のように地価が上がった頃で、かなりの売買益を出せました。この両輪で事業成果が上がり、近々「WAYU Ltd. HONG KONG」を香港株式市場に上場する見通しを立てました。

「　人の和　」　人脈による拡大と反復力 ―― 三つ目は海外物件の独占販売権を持つ。

私が構築した広い人脈を活用する海外不動産投資とは、大手デベロッパーと提携し、マレーシアで建設する超高層高級マンションの日本と香港で独占販売権を持つビジネスです。

マラッカで台湾の上場企業と提携して進めているシェラトンホテルと共同開発したマラッカ・ライトベイの超高層マンション販売。リゾート地であり、先進的医療サービスが受けられ、インターナショナルスクールも欧米の費用の2分の1か3分の1で済むのがビッグな特長です。

クアラルンプールでは、マレーシアの財閥がリッツカールトンホテルレジデンシャルとタイアップして中心部の一等地を大規模開発した物件を販売。超高層の高級マンションは、日本の大手不動産会社と並んで、「WAYU」と香港企業が海外代理店です。

クアラルンプールの一方では、ドイツで120年の実績がある一流ホテルグループ、ケンピンスキーが手がけるプロジェクトの高級マンション販売の代理店も務めています。

扱う物件は、超一等地での大型プロジェクトだけ。将来性のある場所、つまり「地の利」を生かした物件だけです。上昇幅が大きく、売りたい時に売りやすい40階以上の眺めのいい部屋を顧客にすすめ、購入だけでなく売却もサポートするのがドー・ブランドです。

Full Responsibility
「ドー・ブランド」の真価を発揮

それでも日本の個人投資家は、「今買っても、本当に将来的に大丈夫か」と心配します。無理もありません。バブル時代の後遺症を経験してきたからでしょう。そういう時は、マレーシア経済状況や資産価値の変動、取引の為替レートなどについて丁寧に説明して、勧める物件の価値を知ってもらいます。そうして初めて「ドーさんの扱う物件はいい」と、顧客に安心してもらえます。その積み重ねが信用を生み出してきました。

不動産売買を仲介して売買成立だけを取り扱うブローカー的な仕事は、まとまった手数料が入ったとしても一回的なものです。しかし、私はブローカーではありません。顧客に発生するトラブルにも、向き合って対処していき、解決まで処理をするのが私の責任だと考えています。これがドー・ブランドです。

ビジネスを反復して持続させるには信用が不可欠の条件。信用あってこそ次の顧客、次のビジネスにつながっていきます。こうした海外不動産の日本での独占販売において、私はフルレスポンシビリティー（顧客への責任）を徹底して貫いています。

孟子『天地人』の教えだけでなく、これらは、かつて勤務していた東京のアーバンシステム青木三郎社長から学んで、実践できたということも申し添えておきたいところです。

第2章　家族

親子間の信頼と責任

すでに日本での暮らしが20年を超え、日本留学中に知り合った素直でやさしい香港人女性、黄珮琪と結婚して、３人の子どもを授かりました。

家族で日本の永住権も取得しましたし、子ども達の教育は、日本文化の良さを毎日の生活のなかで身に付けさせたいと思い、東京の公立小学校に通わせています。

外国人を両親に持つ子どもを公立小学校に入学させたら、やはりまだ日本語がうまく話せないのでイジメがあるような印象を受けました。しかしそれは、どの地域・民族・時代にも多少はあることだと受け止めて、そこを切り抜けていく知恵を身に付けることこそが成長の証だと思っています。

もちろん親として、できる限りの助力を惜しんだことはありません。甘やかせる、叱る、褒める、なぐさめる、励ます。そうした、いつでもそばに居て見てくれているという安心感が、子どもには一番大事だと思うからです。

親子間でも「信頼と責任」の大切さは同じと考えています。子どもに信頼される親であり、育て方に責任のとれる親になると、子どもは親の信頼に応えたいと責任をとれるよう努力する。これで良い関係になるのではないでしょうか。

家族間の信頼と責任はビジネスと違い、一回のミスで全ての信頼を失うというものではないので、じっくりと時間をかけて修正しながら積み上げて、後世に引き継いでいってもらいたいと思います。華人の言う、了見の狭い「村人（そんじん）」にならず、大らかな国際人になってほしいと願いながら、妻と子育て中です。

ドー・チハウのファミリーヒストリー マレーシア北部ペラ州イポー市が故郷

イポーは首都クアラルンプールから北に200㎞。車なら南北高速道を2時間半の人口約75万、ペラ州の州都です。マレーシアは錫の生産国として世界に知られており、中心的な錫採掘地がイポー。まだ発展途上国であった19〜20世紀に日本では「錫城」、「大富豪の都市」と呼ばれるほどの富を築いた都市です。１９５０年代には、映画館や遊園地、キャバレーなどが進出し、エンターテインメントの街でした。

マレーシアは人口の６割がマレー系、３割が華人系、１割がインド系の多民族国家です。なかでもイポー市は、華人７割、マレー系２割弱、インド系１割強。鉱山労働者としても中国人がたくさん移民したので、華人の割合が高いようです。

華僑の国籍は中国　華人は在住の国籍

中国人の生活力は旺盛で、故国を離れて欧米や東南アジアに移住し、経済の分野でパワーを発揮してきました。欧米や日本も含め世界中に華僑のネットワークがあり、ユダヤ人経済に次ぐのは華僑経済の勢力とも評されています。

彼らを日本では広い意味で華僑と呼びますが、正確には移住後も中国籍を持つ人が「華僑」

で、現地国籍だけで中国籍を持たない人は「華人」です。私の家族は中国系マレーシア人であり、華人です。

私の祖父は中国福建省同安《とうあん》の出身。マレーシアに移住して、金物などを販売する小さな商店を経営し、祖母は中華ケーキを作っては売りに行く商売で、祖父を助けていました。

父、呉秋実は1938年にイポーで生まれ、「9歳のころから、お母さんのケーキ売りを手伝ったよ」。そう聞いたことがあります。

父はコカ・コーラペラ州の代理店経営者

私の生まれた1973年は、石油ショックの時代ながらも、まだイポーの好景気は続いていました。父はイポーのコカ・コーラで十数年間の勤務後に、ペラ州北部エリアの代理店権利を取得して自営に乗り出します。

1960年から70年代はコカ・コーラが世界中で売れ行きを伸ばした頃です。

「イポーでも、コカ・コーラはよく売れたよ」

父はこう言いますが、その仕事は決して楽ではありませんでした。最高平均気温30℃以上のマレーシアはビンが大きく、日本のファミリーサイズ程。木枠入りの36本入ケースは、相当な重量です。これを毎日300ケースも抱えて車に積み下ろして、小売店に配達。有料だった空ビンの回収もしなければなりません。それを炎天下に連日繰り返すのです。

冬の時代のイポーにアイデアマンの父

私が小学1年の頃から錫の価格が低落し、鉱山は閉山して景気が低迷。イポーの街や人々の活気も失われます。経済は「冬の時代」に突入して、父も母も苦労続きの生活でした。

私は中学卒業後に父の仕事を手伝いますが、配達するビンケースのなんと重いことか。売り物のコカ・コーラを配達途中で何本ガブ飲みしても汗に出てしまってクタクタでした。

「お得意先の倉庫に納入する時、ペプシコーラのケースを見つけると、それを奥に押し込んでコカ・コーラのケースを手前に積むんだ！」が、父の教えです。店員は自動的に倉庫手前の取り出しやすいケースから順に、店頭に並べて客の目に留まるという寸法です。

ビンケース運びは、相変わらずハードな仕事でした。しかし父は、働く辛さ、きつさを微塵も子供の私に見せたことはありません。今振り返れば、その時から父は、背中でお金を稼ぐことの厳しさを教えてくれていたのだと思います。

思い知らされたアメリカ社会の契約と権利

石油ショック以降はイポーの街の景気が悪くなるにつれて、家業の売り上げも下降の一途をたどります。そのうえ時代は、コカ・コーラの容器も変えました。重たく回収が必要なビンから、軽くて回収不要のカンに替わっていきます。

これで少しは配達が楽になるかと思ったが、父の販売権利は従来のビンに限ったもの。カン販売は別権利で販売に手が出せなかったのです。これも会社の売り上げが落ち込む理由でした。

「アメリカ系企業は権利にうるさい。契約も厳しいからね」

父は残念がっていましたが、権利の範囲と契約について父は十分な知識を持たず、情報を入手できなかったのが敗因でした。

母の起業に頭角を現した多角経営の才覚

父の収入だけに頼っていられない母、黄万香は、商才があったのでしょうか、多角的にビジネスを展開することに……。

それまでの母は、洋裁の注文をとってはミシンを踏んで洋裁をする日々。ところが家計の窮地を察した母は、自分の洋裁と同時にできる、新しい商売を思いつきます。

自宅に麻雀卓を3～4台ほど置いて、麻雀荘を営業し始めたのです。そのうえ、洋裁をしながらも、麻雀荘の客に簡単な食事も出す手際よさ。客のリクエストに応えるのが商売の基本というもの、小さいビジネスチャンスも逃しません。

居心地の良い麻雀荘に客の出入りが増えると、その次は地域の人たちからお金を集め、母が

「親」になって、要りようになった人にお金を融通する、日本で言う「講」を始めました。しかし、金融には付き物の、嫌われ役が集金役と借金の取り立て役。これも持ち前の積極的な性格で、少しもいとわない本当に気丈な女性でした。もちろん弱音は吐きませんが、おとなしい性格の父に「なにをぐずぐずしているの。早く仕事に出かけて行きなさい」と叱咤激励していた姿を、ほほえましく思い出します。

夫婦喧嘩のタネは父の三度の飯より好きな政治活動

父にはコカ・コーラ代理店の仕事のほかに、もうひとつ情熱を傾けて三度の飯より好きなことが政治活動です。『地域の人達のために力を尽くす』が父のモットーであり、『正義のために生きる』が父の人生観だったのです。いつも他人を思いやり、他人の立場を優先して考える人でした。

これが母親には、お人よし過ぎると映ったのかもしれません。

「仕事と、お金にもならない政治活動と、どっちが大事なのよ」

仲の良い両親ですが時々の喧嘩のタネは、決まってこれです。

ドー少年が小学生で政治活動デビュー

父は小学校に上がった私を政治活動に連れ出すようになります。選挙のポスター貼りや宣伝カーでの応援、遂には選挙活動の打ち合わせ会議も父と一緒に顔を出しました。

当時の父が考える根底まで知る由もありませんが、おかげで私は「大人の世界」を恐がらない子供に育ちました。小学校高学年から中学生時代には、父と政治論争をすることも度々です。父の政治活動には疑問を持ち、批判的な面もあったのです。

清貧にも甘んじて正義を貫く父親の教え

マレーシアに限らず中国や東南アジアの国々では、政治家ではなく政客が自分の権力で土地売買を有利に進めて大儲けするのは、残念ながら広く見られることです。イポーでも、政権を利用する政商がいました。

私が子供ながらに父に不満を言ったのは、金銭面でも優遇される政治家と、一切の報酬を受け取らない潔癖な父との、あまりの対照でした。

「政治家は特権を利用して、親分の国会議員にはお金が集まり、お父さんは資金がなくて、何もできないじゃないか」

こう私が言うと、父は決まって言い続けました。

「これは大人の話だ。正義をもって生きていけばいいのだ」

父はボランティアの権化

父は政治家でも地方議員でもなく、国民戦線に所属するマレーシア華人協会のイポー地区の責任者（主席）でした。日本の昔の村長さんか、今の町内連合会代表のような人でしょうか。

マレーシア華人協会は１９４９年結成の政党で、マレー系の統一マレー国民組織に次いで与党・国民戦線の第2勢力です。党員は華人に限定されていて、実業界や中産階級の権益を代表しています。さしずめ、父は日本の与党・自民党の地方組織の責任者になるでしょう。

政治家でない父は、大規模の公的業務や公共事業を手掛けるわけではなく、地域住民の「道路が壊れている」「大雨の水たまりで通れない」「電柱が倒れている」など、生活に密着したクレームを受けたら、華人協会の親しい政治家に現況を伝えて、役所を起動させる。緊急を要する場合は役所に直訴して、即刻の補修をさせる、というのが父の役割でした。

『言い分を聞いてベストを尽くす』が信条

困っている人を放っておけないのが父の性分。地元の老人ホームが資金不足のため、十分なケアができないと聞くと、米や油などを調達して老人ホームに何度も寄付をしました。図書館が欲しいという住民運動には、国会議員クラスの大物政治家や地元の議員に働きかけ、州政府を動かして建設にこぎつけるまで粘り強く運動するのです。

それでも時には地域の人から「なぜすぐに修理してくれないのか」「もっと手厚く補助してほ

しい」と怒鳴り込んでくる人もいます。しかし、父はどんな事態にも決して怒りを見せず『言い分を聞いてベストを尽くす』を信条としていました。

「正義」と「社会への貢献」

こうした父の地域への貢献活動は地元新聞に度々取り上げられ、父が大勢の尊敬を集めると、うれしいと同時に父を誇らしく思えました。

『いい街をつくるために、惜しみなく力を尽くす』ことが、父にとっては正義の実践です。しかも、相変わらず、どんな場合でも無報酬で、どこからもお金を受け取りません。これが父の生涯貫き通した生き方でした。

人のため街のために無償で働いた父を誇りに思う気持ちに今も変わりはありません。

2000年サルタン（王様）より叙勲する父

父は17年9月に80歳で去る直前に、自分の送った人生を「満足だった」と言い残しました。人々のために惜しみなく力を尽くした自分の生き方は正しかったと確信をしたのでした。正義と社会への貢献。それを貫くことを、私は父から学びました。

民族偏見と教育の国策

父の政治活動では、高等教育をめぐるこんな思い出もあります。それはマレーシア華人協会が私立の専門学校を設立した時です。大学並みの規模を完備しているのに専門学校に甘んじていました。私はこう批判しました。

「政権を40年以上握っているのに、専門学校をなぜ大学にできないのか」と。

学生の頭脳流出は将来的な経済的損失

マレーシアでは、多民族国家でありながら国営企業などにマレー人採用を優先する「ブミプトラ政策」がとられ、国立大学の入学もマレー人が優先されるのです。

企業採用はともかく、高等教育・大学入学の機会は、国民に平等にすべきです。大学教育は成績を優先で、民族優先ではありません。民族を問わず優秀な人材を集めて育成しなければ、大学の教育レベルが下がり、優れた人材が海外に流出する恐れがあるからです。

実際に、世界的な靴ブランドのジミー・チュー、やシャングリラホテルの創始者ロバート・クオック、ハリウッド女優ミシェル・ヨーなど、挙げれば数えきれないマレーシアの人材が海外留学し、海外で活躍しています。

人間改革の難しさ

イギリスからマレーシアが独立する時は、マレー系、華人系、インド系が一致協力して独立を実現しました。それなのにグローバル競争の時代に、教育政策にマレー人優先の民族政策を持ち込むべきではありません。私は民族優先ではなく、成績本位で選抜される大学を作るべきだと考えています。

しかし当時の父は、ブミピトラ政策に異論なく従順で、私の意見とは食い違うだけでした。理由はよく分りませんが、父が信念をもって従ってきた政権下で、自分の考え方をひるがえすのは、構築してきた人間関係下で、容易でなかったのでしょう。

白黒関係なく付き合えばいい

父から学んだビジネスセンスは「白黒関係なく付き合えばいい」です。地域住民の困りごと相談のなかでも、街の第三勢力に絡むものは、その勢力と交渉しないとうまく解決できない問題です。父は、しかるべき勢力の顔見知りのボスと交渉して、話をうまくまとめていました。

父と、しかるべき勢力との人間的信頼関係は厚く、息子である中学生の私さえ周りから見たら第三勢力の威光を感じたようで、のちの私に降りかかるトラブルで、思いがけない効力を発揮してくれることになりました。

第3章　イポーの少年期

多民族国家の融通性のある考え方

多民族国家のマレーシアは多様な文化、習慣、考え方が混在します。異なる文化・習慣を尊重してこそ、物事がうまく運ぶのです。融通性のある考え方で進めるのは、いわゆる「裏社会」との付き合い方についても同じです。

日本では、白の表社会と黒の裏社会がはっきりと区別され、表社会の人達が裏社会との付き合いや、交渉ごとをすると、それだけで厳しく批判されます。これは日本の良さでもありますが、中国や東南アジアの国々では必ずしもそうではありません。

父の白黒関係なく付き合えばいいという柔軟な考え方は、後に私が日本企業に勤務して中国などとビジネスをした際に、日本人の考え方との違いを改めて痛感することになりました。

親の期待通りの小学生になるドー少年

私は1980年にイポーの三徳小学校に入学します。小学校は義務教育で、私立の有名校ではないのですが、イポーでは裕福な家庭や有名人の子弟が多く入る男子校で知られていました。東京銀座の泰明小学校のような名門小学校です。銀座の地名を持ち、アーチ形の塀と城のような門でどことなくステータスを感じさせますが、三徳小学校もそんなイメージです。

私の家は決して裕福ではありませんが、高等教育を受けられるように勉強させたいとの父の思いで、コネ入学できました。

小学生の私は父の願い通り、まじめでおとなしく、勉強好きの子供でした。ところが、卒業して三徳予備校に（マレーシアの教育システム）1年間通ったあと、同じ三徳中学に進学して、豹変してしまったのです。

中学時代は１００余人を率いる番長

父の期待通りに育つ予定の私が、筋書き通りにはいかないもので、中学1年の初めになると、誰ともうまく話ができず、友人もおらず、いじめられることもある日々となりました。

ある時、クラスの子と教室で大喧嘩。殴り合いの果てにその子を打ち負かしたのです。それがなぜ突然の喧嘩になり、なぜ喧嘩に勝てたのか、いまだにとんと記憶にないのです。その後、何度喧嘩をしても負け知らず。もともと腕っぷしは強かったのかもしれません。

これ以来、私のところに2人、3人とクラスの子が親しく近寄ってくるようになりました。それがいつの間にか、他のクラスや他の学年にも広がり、中学3年のころには他の学校の生徒も加わって、１００人を超える大勢力になりました。

日本なら番長と呼ばれるのかもしれませんが、喧嘩はしても悪さをする不良グループではありません。だからこそ、慕われて人が集まってきたのでしょう。

イジメは大嫌い
正義の味方　呉　志豪

「豪、豪」
と呼ばれて集まってくる人のなかで、イジメにあった子の相談も多かったと記憶しています。イジメの相談に親身になったのは、私がいじめられた経験があったからですが、それだけではありません。イジメは大嫌いでした。

グループのリーダーとして、いじめられる子を守ってやらなければならないという正義感もあったのです。これは父親譲りです。

私のグループに入った生徒達は、豪さんといれば安心だからと言っていました。なかには貧しい家庭の子もいましたから、彼らが困っている時は仲間から少しずつお金を集めて昼ご飯をごちそうしたこともあります。だから、グループの仲間意識は非常に強かったのです。

「お金があるものはお金を、力があるものは力を出す」
これがグループの掟、やり方でした。

ドーのビジネスデビューは中学生で仲介業

大勢に慕われるようになった中学生時代に思いついた、人に役に立つビジネス。それは、リユース品の仲介です。需要と供給の関係はお互い身近にありましたから、順調に進むのでした。

幸い中学校の仲間には裕福な子がいます。そこからもう使わなくなった中古品を格安で提供【供給】してもらい、使いたい子【需要】に渡すというもの。これは私が考え出したビジネスアイデアで今でも気に入っています。

望遠鏡やゲーム機、日用品で、中学生が欲しがるような中古品を例えば1万円のものは1000円で回収して、これを2000円で欲しい子に売る。

差額の1000円を仲介手数料で受け取るという、ビジネスというにはあまりにもたわいのないものでしたが、グループのみんなには「欲しかったものが格安で手に入る」と喜ばれました。

そのうえ、使える物を棄てるのではもったいないから、リユースすればエコの面からも、一石二鳥です。今のネット社会で「メルカリ」の先祖にでもなるでしょうか……。

初めての賭博ビジネスにエキサイトする中学生

もうひとつ楽しいことがありました。サッカー試合の賭けです。とくにワールドカップともなれば、みんな熱狂して掛け金も大きくなります。テレビ生中継は朝4時から観戦でも、賭けをしているみんなは、徹夜も平気です。

ある日のブラジル・イタリア対戦は、2人が1組になり、1口3000円を何口でも制限なしにブラジルかイタリアの勝ちに賭ける。それが50人にも60人にもなる。これを私がまとめて仲介をして試合が終わると、早速掛け金回収と配当金払いを買って出るわけです。

手数料は10%。賭けに負けて頭にきて支払いを渋る者もいますが、私は腕には自信があり喧嘩が強いから、しっかり回収できます。そのうえ決めたルールに全員が従うだけだから、誰にも文句は言わせない。

中学生でひと月に3万円から4万円（マレーシアの貨幣価値は、日本円の3倍以上）も稼いだことがあります。しかし、稼いだお金はあぶく銭。貯金など考えてもいない年頃で、ゲームセンターに入りびたり、ビリヤード場で使い果たしました。今考えても、人生を楽観的にしかとらえていない、こんなに気楽な時期はほかになかったと思えるぐらいです。

番長参上！　一触即発の抗争

中学3年の頃には、他校にも仲間が広がる大勢力になりました。気が付けばイポーでは、もうひとつの中学生グループと張り合う二大勢力に成長していたのです。

ある日、借金回収をめぐってトラブルになり、仲間が相手グループに殴られたという連絡が入ったのです。早速、その話は仲間に伝わり、翌日はバイク20〜30台が唸りを上げて、仲間を数十人集結させた大よそ100人余りに膨れ上がった集団になりました。正直なところ内心、自分でも驚いたほどです……。

中学校の周りをバイクのエンジン音がブンブン鳴り響き、先生方も知らん顔をするわけにもいきません。とはいえ、まだ何も騒動は起こっていないので静観しています。これはいずれ先生から父の耳に入るなとは思いましたが、今はそれどころではありません。

いよいよ相手グループと一触即発の状態になりました。私は戦うつもりで１００余人の集団で身構えています。相手グループも互角の人数で、双方一歩も引かない張り詰めた空気が漂います。喧嘩は1年生から数えきれないくらいやってきましたが、この場面が一番緊張しました。

力関係の決め手は影の勢力の威光

緊迫した空気のなかで、じりじりと相手との距離が狭まります。いよいよか！と思った瞬間、相手チームのボスが口を切ったのです。

「豪とは争えないよ」

なんと白旗を上げてきたのです。理由もわからず、気合がそがれるように、その場は一件落着となりました。

冷静になって考えると、戦いにならず収まったのは、実は父のおかげだったのです。父は街

の第三勢力のボス格の人物と顔見知りで、仁義をきっていました。その人が私を弟分のようにかわいがってくれて、当時も私に

「街のリーダーにならないか」

と誘われていたところでした。

この影の勢力の威光が相手グループに伝わっていたようで、私との戦いを断念したのです。

ついに父の転校命令が下る

街のリーダーにならないかと、第三勢力のボス格の誘いには

「そこまで組むことはできない」

と断りましたが、いつのまにかイポーの中学生グループのナンバーワン的存在になっていました。

しかし、こんな勉強もしないで遊んでばかりの生活がそう長く続くわけはありません。

１００人を超すグループを率いていい気になっていた私を見て「これじゃいけない」と、父が決

断して転校を決めたのです。

私自身は今でも、勉強、勉強と追い立てられるよりも、いろいろな体験をして有意義だったと思っているのですが、父は将来を心配したのでしょう。

この頃、ある仲間から「豪よ。義理と人情だけでは将来どうにもならないよ」と諭されて、そろそろグループを解散する時期がきたかと考えてもいたのです。

間もなく父に従い、中学４年で三徳中学から育才中学（マレーシアは中学５年制）へと移りました。

かくして楽しかった私の「番長時代」は、不本意ながら終わりを告げることになりました。

第4章　留学心の芽生え

海外に留学したい政治家になりたい

「イポーは狭い街だ。もっと広い世界に出たい」

中学を出た私は、ずっと海外に渡ることを考えてきました。このままマレーシアにいては、いい仕事もできない。海外でその国の言語を学び、大学で勉強して、最終的にはマレーシアで父と同じように政治活動に携わって世の中に貢献したいというのが、夢でした。

マレーシアではどうしても多額の政治資金が必要です。賄賂で集めないとしたら、自前で調達するほかありません。私はまずビジネスを起こして、これを成功させて資金を稼ぐという戦略を模索します。

なにはともあれ海外に渡ること、そのための留学資金をどう工面するかで頭がいっぱいでした。マレーシアの若者の海外留学先は、イギリスかアメリカの英語圏が多く、一般的です。私も当初はイギリス留学で法律学を学び、政治家になる夢に備えるつもりでした。ところが、イギリスもアメリカも留学生のアルバイトが認められておらず、学費や滞在費の捻出ができません。

日本留学への道は渡航資金づくりから

私の家は息子を海外留学させるほどの経済的なゆとりは、とてもありません。

留学したいと私が父に相談した時、父は
「自分の力で行ってくれ」

あっさりと、この返事。当然のことです。そんな資産はどこにもないのですから。そうなると方法はひとつです。自分で働いて、夢を実現するしかありあません。

証券会社に勤めて、株投資を勉強して、留学資金をつくり始めます。やがて数十万円の貯金をしました。だが、まだまだ不十分です。

父の関心を惹いた株投資

育才中学を18歳で卒業してしばらく、父のコカ・コーラの店の手伝いをしました。父の仕事がいかに重労働であるか、身をもって体験したのはこの時です。その後、一時シンガポールの会社で働き、またイポーに戻って証券会社に勤めました。

これがきっかけになり、それまで一度もしたことがない父に、株投資の取引を教えました。始めは乗り気でなかった父も株投資のおもしろさを知るや否や、もっともっと教えてとせがまれる始末。投資に関心の薄かった父が、初めて示した興味でした。

きっかけをつかんだ日本語学校

働きながら、イポーの日本語学校に通う私にチャンスが訪れました。このマレーシア人経営の日本人教師がいない授業は、上達にあまり役立たないのですが、ある日、ここに筑波日本語学校（東京都江東区）のエージェントが来て声をかけられました。日本の学校で勉強しないかという誘いです。日本留学は、アルバイトで学費などを稼げるのが第一の魅力でした。

Japan as number one

当時、日本には「発展性」という大きな魅力がありました。80年代は、日本経済の絶頂期。『ジャパン・アズ・ナンバーワン』（米・社会学者エズラ・ヴォーゲル著　１９７９年ＴＢＳブリタニカ刊）の本が日本でベストセラーになった頃です。

マレーシアにも、当時のマハティール首相の「ルックイースト政策」があり、トヨタや日本航空など世界的な企業がオフィスを構えていました。日本語を勉強し、日本の大学を出れば、この日本企業で働けると考え、マレーシアの青年達の憧れでした。私も大企業でなくても、日本の企業に勤めてビジネスの勉強をしたいと思い始めました。日本留学を父に話したら「いいじゃないか、景気もいいし治安も悪くない」と賛成してくれました。

学費・生活費の見通しがないまま留学ビザを先行手配

マレーシアから日本に留学する人達の多くはマレーシア政府の奨学金を受けられます。一方で私のように私費留学生は、マレーシア政府の援助は一切なく、留学後の大学推薦による日本の文部科学省の奨学金や、民間企業の奨学金が学費の支えです。そのうえで生活費はアルバイトで稼がなければなりません。

心配にキリはありませんが、とりあえずはその前に、条件を揃えてビザ申請をクリアしなければなりませんでした。

留学エージェントの紹介で、留学ビザ取得のために入国管理事務所に行きました。最初のビザ申請は、必要な定期預金不足で許可がおりません。1年後の2回目の申請は、なぜか「預金額が多すぎる」理由でまた許可がおりず。3度目の正直で、1994年、21歳のときにようやく留学ビザが交付されました。

ビザ取得申請のための叔父や叔母などに借金をした6万リンギット（日本円で約180万

円）の預金は、交付後に返済しました。手元に残った渡航チケットと、たちまちの生活費13万円だけを握りしめての出発となるのです。

マレーシアはサイン 日本はハンコ社会

留学エージェントから教わった、日本で生活するうえで法律とも思える重大な慣習。それは、印鑑です。

マレーシアでは、証明書にはサインを使いますが、日本では正式な書類を有効にするには、すべて記名のうえに押印が必要です。

出国を前に、漢字名の入った印鑑を作りました。日本にきて、これほどハンコが必要とは、想像以上でした。以来、25年間以上、大事に使っています。

イポー空港から日本へ旅立ち・両親との約束

いよいよ日本への留学です。忘れもしません、1994年10月9日。私はイポー空港から、両親と姉に見送られて日本に飛び立ちました。初めて生まれ育った地を離れて、遠い異国に渡るのです。期待と不安で胸がいっぱいでした。留学に当たって、父にはこう励まされました。

「人の悪口を言わない。
人と争わない。
人を裏切らない。
日本人と誠実に接して
日本人の倍以上、頑張りなさい」そして
「しっかり勉強して、大学を卒業してほしい」。

残念ながら高等教育を受けていない

1994年日本へ出発のイポー空港で家族と

父は、息子は教育を受け、社会に貢献する人物になってほしいという願いでした。

「健康に気を付けて。タバコは絶対に吸わないで」

と母にもきつく言われました。

自分の目標を定めて、どんな苦難にもめげず乗り越えると信じてやってきたのは、この父と母との約束があったからです。

第5章　日本の恩人たち

不安だらけ
初めてのニッポン

イポーからクアラルンプールを経て成田空港に降り立ちました。同乗してきた日本に留学する仲間は、男性7人、女性1人の8人です。縁起をかついで「八仙（道教8人の仙人）が海を渡ってやって来たんだね」互いに元気づけている8人でした。

一行は手配されたワゴン車に乗り込んで、成田空港から一路、亀戸へ。日本での寄宿先は、筑波日本語学校の紹介で東京都江東区亀戸の江東区議会議員が家主の寮をと、あらかじめ決めてくれていたのです。

成田空港から亀戸までは、畑や住宅の田園風景が続き、想像していた高層ビルが建ち並ぶ巨大都市のイメージはありません。亀戸は「ちょっとゴミゴミとした街だな」程度の印象でした。

もっとも亀戸は都心から外れた所だということはあとから知ったのです。

初めての日本、初めての東京。とはいっても、車窓から街の光景を楽しむ余裕は、まるでありません。見知らぬ国に来た緊張感と、それ以上に見通しの立っていない生活の不安が頭から離れません。観光客ではない私達は、大きな夢を持って日本にやってきた私費留学生です。異国の地で、自力でお金を稼ぎながら、勉強していかなければなりません。

希望と失望のジェットコースター

この不安を更にあおることが起こりました。来日8人の仲間のうち、私よりも年下の男性ポーさんが、なんと

「1円も持ってきていない。国の母からすぐ送金させるから、今は呉さんに全部頼るほかない」

まさかの無心に自分の耳を疑いましたが、仕方ありません。親から借りたわずかな所持金から3万円を貸しました。そのうえ、到着の翌日には、私達の希望に燃えた胸を踏みにじる

事件です。先輩のマレーシア留学生が、男性7人に「もう既に日本の景気は悪くなって、留学生がアルバイトをできる場所もなくなった。学費なんて稼げないよ。学校へも行けない。望みはゼロだ。みんなすぐにマレーシアに帰った方がいいよ」と言うのです。まさに冷水を浴びさせられたショックです。将来の希望を抱いて日本に到着した翌日に聞く話ではないでしょう。とっさにその男性に「先輩なら、こういう時こそアルバイトを紹介してくれるのが、スジではないか」口論になりましたが、なすすべもなく時間が経つばかりでした。

わずかなチャンスに望みを託して、どうにか日本にたどり着いたばかりの青年達を、粗末な情報で潰そうとする非情な先輩を、今でも忘れられず怒りがこみ上げてきます。

持参した全財産の13万円は羽が生えて飛んでいく

留学のために数十万円の貯金は、すでに日本語学校の学費と寮費の半年分で消えています。

成田に着いた時、私の手元には両親から借りたわずか13万円の現金だけしかなかったのです。両親から借金というのも他人行儀な話ですが、両親に余計な負担はかけたくなかったのです。

この13万円の使い道は、３万円は日本到着翌日に仲間の留学生ポーさんに貸し、３万円はふとん代、３万円は自転車代で、残りはわずか４万円でした。

自転車は日本語学校に通う定期代節約が目的で買いました。東京はどこへ行くにも交通費が想像以上にかかるので、片道90分程度なら電車ではなく自転車でこなします。ボロボロになるまで何年間乗ったでしょうか、最後はハンドルが外れてサドルもグラグラ。ブレーキも効かない修理不可能になるまで乗り尽くしましたが電車代に替えても、おつりがきたでしょう。

一人目の女神
呉ママさん

日本に着いて１週間というもの、アルバイト先も見つからず、持参したわずかなお金は減るばかり。生活のめどが立たないまま不安ばかりがつのっていました。そんな日に、一緒に留学した裕福な家庭の子がふとんのなかでシクシク泣いているので、理由を聞くと、ホームシックでした。私も母や故郷を思い出して、涙が止まらず、男二人で夜中に泣いていました。

幸いなことに寮オーナーの区議の奥さんは台湾出身。「呉ママさん」と呼んでいました。北京語で話しができるので、色々な日本の事情を聞くのに、とても助かります。女神のようで

「ドーちゃん、ドーちゃん」

と呼ばれてかわいがってくれました。呉ママさんのおかげで、どれだけ慰められたかしれません。

幸運到来！「はじめ」寿司
悲惨なバラバラ寿司出前

入国1週間後、良いことがありました。寮のオーナーの区議の紹介で、寮から近い錦糸町の商店街にある寿司「はじめ」のアルバイトが決まったのです。ラッキー！と少し安堵しました。時給700円。昼は日本語学校に通い、夕方から夜まで4時間働いて1日2800円。これはとても助かりました。

仕事は店の掃除と出前。最初は地理がまったく分からず、出前の行先を書いてもらった地図を頼りに、夜道に目印を探しながらの配達。遅くなってはいけない寿司なので大変です。自転車でデコボコの坂道をとにかくスピードを上げて走る。道が分らないから、迷う。また懐中電灯の明かりを頼りに地図を見て目印を探す。焦ってまた自転車を飛ばす。この繰り返しで、ようやく注文したお宅に到着して寿司桶を開けてみたら、なんとまあ、お寿司のご飯とタネの刺身が見事にバラバラになっていたこともありました。

配達の帰りは下りの坂道を自転車で曲がりきれず、頭から草むらに突っ込んで、怪我をしたまま店に戻って店主の金子義之さんを驚かせたり……。いくら頑張っても笑い話のような情けない事件が、度々起こります。

感謝してもしきれない
寿司「はじめ」店主と板さん

「ヨロシクオネガイシマス」「イッショウケンメイガンバリマス」

話せる日本語はこの二つだけ。それでも店長はつたない日本語と満足に仕事ができない貧乏留学生の私を、叱責することもなく温かく見守ってくれました。

夜食つきのアルバイトはその一食でもありがたかったのに、帰り際には「明日の朝は、このパンを食べなよ」と、毎日のように私のために買っておいてくれた朝食を持って帰らせてくれました。

しばらくして出前にも慣れた頃には、特別ボーナスや正月にお年玉もいただきました。家族のように大事にしてくれた思い出です。

有言実行の板さんが五百円玉貯金

板前の阿久津三子夫さんは、やさしいうえに心意気が男前でした。店の入り口のガラス戸をきれいに磨いたら

「外から見えるようになったね、呉ちゃんが初めてだよ」

と、気に入ってくれました。ある日、阿久津さんに相談したときのこと、

「日本語を勉強して大学にいきたい。でもお金がかかる」

「よし、俺も協力するから」

と、五百円玉が入る貯金箱に、ことあるごとに５００円ずつの貯金を始めてくれたのです。有言実行のきっぷのいい板前さん。普段は「板さん」と呼ばれて客からも人気のある人でした。

貧乏ダイエットで体重10kg減

寿司屋のアルバイトを見つけたとはいえ、所持金４万円でいつまで暮らせるか、半年後に支払が迫った後期の学費と寮費はどうするか。一番苦しいときでした。

節約、節約で、食費も切り詰めないといけません。イポーの実家で飲み放題だったコーラも、この頃は一本も飲めません。食事はご飯と卵焼きがあれば十分で、総菜が欲しいときは、夕方遅くにスーパーに行って、閉店前の２割、３割値引きになった品物を狙って買います。

これは節約に助かりました。日本のありがたいシステムの一つです。しかし、来日以来、１

年ほどで体重が10キロ以上も落ちてズボンのウエストもぶかぶかになってしまいました。

石川悦子さん左端の女性

二人目の女神お姉さん

二人目の女神は、偶然にもアルバイト先の寿司屋のお客さんで、マレーシアのマラヤ大学に留学したことのある石川悦子さん（お姉さんと呼びました）と知り合いになりました。

「日本語はまだうまくできないけど、力仕事はできる。コカ・コーラの重たいビンケースを運んでいたから」と言うと、酒店で配達のアルバイトを見つけてくれて、保証人にもなってくれました。

働き始めると、若い体力にものをいわせて稼ぎます。

寿司屋、酒屋のほかにもカラオケ店でも皿洗いと掃除の３店かけもちアルバイト。３店で一番稼いだときは月に26万円にもなりました。こうして１年ほどで両親に出国の際に借りた13万円を返済できました。

勉強は寿司屋に客のいない時を見計らって隅のテーブルで日本語の読み書きです。睡眠時間は１日４時間がザラでした。

日本でダブルの初体験

日本で初体験、しかもＷ体験となったのが、このふたつ。

まず驚いたのは、冬の寒さです。マレーシアはほぼ年中暑い熱帯国ですから、外気が０℃になる日本の冬は想定外の辛いものでした。４枚、５枚、６枚と日に日に重ね着をしても、半そでＴシャツではどうにもならないほど寒い。

コートを買う余裕はなく、あるのは寿司屋のジャンパーだけです。だから学校に行くのも、ずっと寿司屋の出前と同じスタイルでした。

ある寒い夜に、寿司の出前から戻って店内に入った途端、どっと鼻血が吹き出しました。外気温と室内温度差のせいです。派手な鼻血に客をびっくりさせたことがありました。

もっと驚いたのが地震です。来日して3カ月後の95年1月に阪神・淡路大震災が発生しました。ニュース映像は、恐怖でした。マレーシア人に地震の経験は無いので、少し揺れただけでも恐くなります。その後、東日本大震災があり、東京も随分揺れました。今後は首都圏での直下型地震も心配されています。日本は大きな都市リスクを抱えているようです。

五百円玉貯金箱を割って受験料に日本人の恩情で大学に入学できた

日本語学校と3つ重ねアルバイトの日々は1年半続きました。そしてようやく96年4月、念願の大学に入学します。埼玉県上尾市にある聖学院大学の政治経済学科です。

大学受験には、寿司屋の板さんが五百円玉貯金箱を割って、全額3万円を渡してくれました。

これが入学試験料になって受験ができたのです。

本当にありがたく、うれしいことでした。言葉は通じなくても、父に言われたとおり、アルバイトであっても誠実に、精一杯働きました。その気持ちを汲んでくれたのだと思います。

店主と板前さん、二人に恩情をいただき、「和の心に出会ったのだ」そう思いました。

三人目の女神
留学生相談室長

東京都の援助団体・留学生相談室の福島みち子室長は、マレーシアの大学で学んだ経験のある石川悦子さんのつながりです。これまでも色々と相談していたのですが、聖学院大学入学に際しては、住まいから奨学金まで、それは親身になってもらいました。

聖学院大学を選んだのは、キリスト教系だからという理由ではなく、日本の大学で勉強ができれば、どこでも同じで、大学にも有名、無名の格差があるのを知ったのももう少し後のことです。

このころ日本語学校からの友人でシンガポール人の紹介で木場にある天理教会の宿舎に移っていたのですが、聖学院大学のある埼玉・上尾まではあまりにも遠すぎる。そこで福島室長が、当時新宿区上落合にあった東京学生交流会館を紹介してくれたのです。

ところが、入館申し込みに窓口の回答は

「埼玉の大学では、会館から遠いからダメだ」

こう言われたと、福島室長に伝えると

「そんなことはない！」

留学生の救いの女神、
福島みち子さん

と強い口調で、すぐにもう一度交渉をしてくれて、ようやく入館できるようになりました。

学生会館は東工大、東京理科大、早稲田、慶応の有名校の学生が入っていました。大勢の入館希望者のなかで、ごく少人数だけしか入れないから学力の優秀な人を優先して、聖学院大学の学生ではダメだろうと、後になって考えたことです。

第6章　見えてきたグローバルスタンダードの格差

郷に入れば郷に従え
日本流マナーが功を奏した

聖学院大学の学生として受給できる奨学金は、国の文部科学省と民間企業からの二本立てですが、いずれも奨学金受給の試験があります。

民間の奨学金は、東京湾岸で不動産事業を展開するアーバンシステム（東京都江東区木場）で、これも福島室長に教えられて面接に応募しました。受給できる奨学生はわずか6人で、東大や早稲田、慶応などの留学生でした。

競合する相手が名門校ばかりで、私は無理だと半ば諦めていました。ところが数日後に、なぜか合格通知を受け取ります。理由は今も分かりませんが、これまで中国や台湾、韓国の留学生が多かったので、マレーシアの留学生にも門戸を開こうと配慮がされたのでしょうか。

面接が終り、部屋を出る際にきちんとお辞儀をしたのですが、これは寿司屋などで日本人の礼儀として教わったことです。あるいは、これが面接官に印象良く映ったのかもしれません。

ビジネス実践の恩師
青木三郎社長との出会い

アーバンシステムでは、大学の春休みや夏休みにアルバイトをして、当時社長だった青木三郎さんに大変よく面倒をみていただきました。青木社長は「新木場をつくった人」といわれる名社長です。ここで私は、「ビジネスにもっとも大事なこと」を学ぶことになるのです。

青木三郎社長にはお世話になるばかりでしたが、生活費に困っている後輩の留学生二人に奨学金援助をお願いしたことがあります。一人はインドネシア華僑の男性、もう一人はフィリピン女性。二人とも優秀で、「ドー君の友人なら」と引き受けてくださいました。現在、インドネシア男性は日本の大手商社で活躍し、フィリピン女性は私立大学の准教授になっています。私が留学生に役に立てたことのひとつです。

大学3年で奨学金に危機
不可解な選考落ち

民間企業の奨学金に文科省の奨学金を合わせて、学費の心配はいらなくなりました。ところが、大学3年の時、とんでもない事件が起きたのです。

聖学院大学の前身は神学校で、アメリカなどの大学と提携して単位が取れるシステムや交換留学生の制度など、国際的に開かれた大学です。日本語学校の教職員が留学生に薦める、環境が整った学園です。神父でもあるK教授には1年生から何かにつけて相談すると「君はまだまだ日本語が不十分だから」と指導されました。

元大手新聞社の記者でジャーナリズムの篠田教授は、「お前、コラッ」と怒鳴るので、学生に恐がられていましたが「留学生はもっと勉強しないとダメだ」と厳しく叱ってくれました。教授らの親身の厳しさで、勉強に身を入れるようになるのでした。

履修単位は年間120単位で十分ですが、私は政治学概論や法律学入門など、多方面の分野に関心があり合計160単位も取りました。留学生を含む全学年380人のうち、成績上位20人だけに与えられる「成績優秀者」に1年、2年ともに選ばれる、本当に有名人だったのです。

奨学金のゆくえは不当なからくり

ところが、３年生には、文部科学省の奨学生から外されてしまったのです。

この奨学生の聖学院大学枠は５人。それまで奨学金を受け、成績優秀者でもある私は、今回の選考に落ちたのが不可解でした。

どうしても納得がいかないので学生課に抗議しましたが

「教授会の決議事項で、その理由は学生には教えられない」

これが返事でした。それで加藤教授とゼミの篠田教授に、おかしいのではないかと相談すると、二人は選抜の経緯を調べてくれました。

その結果、どうやら別の教授が自分のゼミ留学生を推薦して、これが教授会で認可されたのでした。認可された留学生は成績優秀者ではなく、また明らかに特段に奨学金を受ける必要がありません。これなら、成績優秀者の私が受けるのが正当なはずです。

平等の矛盾に断然抗議する

加藤教授も篠田教授もこれは問題だと、理事長や学長にも報告し、教授会にもかけて、大論争だったそうです。教授間での力関係が影響したのではないかと思います。私は、成績本位の選抜という平等が侵されるのであれば、

「一留学生として文科省に訴え出る」

と、息巻きましたが、結論は覆りません。しばらくして大学から私にこんな連絡がきました。

「特別奨学金を支給します」

加藤教授らの配慮があったからだろうと思います。奨学金は月額5万数千円で、留学生にはこれがなくなるのは死活問題です。特別奨学金の額はこれより少なく、納得できませんが、これで矛を収めるほかありませんでした。ただ、加藤教授らが私の訴えを聞いて真剣に戦ってくださったことを、今でも感謝しています。

教育の土壌における
グローバルスタンダード

イポー時代に、マレー人を優先する「ブミピトラ政策」を高等教育にも適応するのは、成績本位の平等という観点からはおかしいのではないか、と父親と論争になったことを思い出しました。国の政策と私立大学の選定とでは、問題の質が異なりますが、大学は国立、私立を問わず「聖地」であって、何事にも「平等、公正」が貫かれるべきだと考えます。

成績本位でなければ、いずれ大学の学問や教育の水準が落ち、苦学しても成績を積み上げる学生の意欲を削ぎ、成果を上げられない悲哀をみます。日本を留学の地に選んだのは間違いなかったのですが、奨学金トラブルだけが残念でした。

日本の組織には、まだまだコネや情実が幅をきかすように、外国人の眼には見えます。これが日本人に独特の仲間意識からくるものだといえるかもしれませんが、少なくとも世界に通用するグローバルスタンダードではありません。

アルバイト先を新宿に移して錦糸町と違う世界を見た

奨学金が決まり、学費の心配がなくなりました。しかし、生活費のアルバイトは続きます。錦糸町の寿司屋は、住まいの新宿からは遠いので、留学生仲間の紹介で、同じ新宿の歌舞伎町一丁目にある台湾料理の店にアルバイトを移しました。

自給750円。大学の授業が終わって午後9時から、翌朝の午前4時まで7時間。ほぼ連日、大学4年間働きました。閉店する朝4時から2～3時間ほど、客席の椅子を並べて落ちないように眠って、新宿から上尾の大学まで、急行電車で約30分、欠かさず通いました。

辛くはなかった。というのは、店のアルバイトは中国や台湾などの留学生ばかり、5～6人。同じ境遇だから話が合う。それに歌舞伎町の夜は刺激的で、やくざの喧嘩も、夜の世界も大人の社会も、飽きることなく見てきました。

新宿の夜に渦巻く危ない人達暗躍する違法世界の縁に立つ

歌舞伎町では当時流行していた国際偽装結婚の外国人グループに誘われたこともあります。

「高い給料、払うよ。手伝わないか」

私はマレーシア語のほかに北京語と広東語、英語も話せたし、この頃は日本語も少し上手になっていたので、誘ったのでしょうが、私は断固お断り！

これも父の教えです。白黒関係なくつき合うのは、交渉の話で、仲間に入って犯罪に手を染めるのとはまったく違います。偽造テレホンカードのグループからも誘いがありましたが、同じくお断りです。違法なことはしない。悪事に手を貸さないに変わりがありません。

バブル終焉期の駐車場アルバイト

「君は、商売上手だな」

ディスコクラブの経営者に言われました。大学3年生のアルバイト先は、JR浜松町駅近くの芝浦地区の海運倉庫を改築した夜6時~10時がレストランで、それから午前4時までがディスコのレストラン兼ディスコクラブでした。私はホールのウエイターは嫌だったので、静かに読書ができる駐車場整理係を志願しました。

アルバイト給料はこのディスコから出る。ならば、ディスコの収入アップに駐車場係といえども貢献すべきではないか…。実際、以前より駐車場収入は5倍以上になりました。そのやり方は、こうです。

2000年頃は、ちょうどバブル絶頂期が終わりかけ、最後の賑わいを見せていました。客は白人も、黒人、サッカーの有名選手、有名音学プロデューサー、ゲイもいる。自由で開放的でまったく差別がない。客と私達スタッフの間もフランクなものでした。駐車場係りの私も「ドーちゃん、ドーちゃん」と呼ばれてドーちゃん、人気があるね。ファンがたくさんいるよとマネジャーに冷やかされました。

需要と供給のマッチングが利益を生み出す

60台以上収容できる広い駐車場でしたが、私の前任は決められた通りに店専用の客だけしか入れず、1台500円の駐車場料の収入はそこそこでした。

ところが私は、他の店の車も入れようと思いつきます。広い空きスペースに駐車したい大勢の人がいて「マッチングすれば、駐車場の料金収入も上がる」と考えました。

呼び込みを始めたら、駐車場は予想以上の満杯状態。ついでに通りにもできるだけの駐車をさせて、目いっぱい並べる。常連の客には挨拶も忘れないし、素早く案内する。お金にはならないけど、路上駐車している車には「警察が来るよ」と忠告したら、次からはドーちゃん指名で車を預けに来る。明け方まで車の出入りで駐車場が何回転もするから、料金は加速して売り上げアップ。という利益のスパイラルが発生しました。

虚勢を張る男

このアルバイトには、ひとつだけ不愉快な事件がありました。チンピラのような男です。いつもフェラーリでやってくる男は、私が駐車場料金を請求すると

「そんなもの、払えるか！」

怒鳴り散らしてドアを閉めて、払いません。フェラーリを乗り回す人が５００円の駐車料金を渋るのはセコイと思いましたが、自分の立場を威嚇して虚勢を張りたいらしいのです。

「私は留学生アルバイトです。料金をもらわないと自分がごまかしたようになって、困るのです」

そう言っても、強がるばかりです。二回、三回と続いたのでマネジャーに報告したところ、何があったのでしょう四回目は、あの威圧的な男が一転してペコペコと低姿勢で、料金を素直に払いました。

どうやらマネジャーが社長に伝え、社長がこの男にお灸をすえたらしいのです。弱い立場の者に虚勢を張る人間ほど、権威や権力に弱いものです。この一件だけでなく、これに類する事態を日本企業に勤めて何度も体験した覚えがあります。

第７章　大学院

四人目の女神
先輩の台湾女性留学生

大学４年の頃、先輩の台湾女性留学生、徐さんから、こんなアドバイスを受けました。

「ドーさん、あなたの将来の希望は政治家になることでしょう。それならもっと勉強した方がいい。早稲田大学大学院にアジア太平洋研究科というのがある。とてもおもしろい研究科で、ドーさんの関心にも合っているのでは。受験したらどうですか」

これには心が動きました。早稲田大学が人気のある有名校だとは、もう知っていました。イポーの留学生で早稲田大学を卒業した先輩はただ一人だということも聞いていました。そのうえ、大学院とは。もしかしたら…の思いで周囲の仲間に話したら、反応は一斉に即答です。

「ありえない。あなたのレベルで」

Don't miss the chance
やってみなきゃ、分からない

一度、火の付いた野望を消すことはできず
「合格は無理かもしれない。しかし、これもチャンスじゃないか。一回、やってみよう！」
早稲田大学大学院の入学試験は、しかるべき人の推薦書、日本語小論文、面接です。通学している聖学院大学に相談したところ、成績優秀者であることが幸いして、阿久戸光晴理事長の推薦書をもらえました。
書類審査は通って、試験日。小論文提出のあと面接に臨みました。面接官の4人は、国連大使も務めた小和田恆先生と、タイ研究の村嶋先生、インドネシア研究の教授らで、最後に
「もし不合格なら、どうするのですか」
「それは、マレーシアに帰るほかありません」
こう答えた時、これは落ちたと感じました。それに、受験者数1000人に対して入学定員はわずか100人と、狭き門ですから。

人生の大恩人から紅白熨斗《のし》の金封

ところがなんと、1カ月後に合格の知らせがきたのです。留学生の仲間も大学の先生たちもみんなびっくりです。福島室長にも合格を報告したら、とても驚いた顔をして喜んでくれました。

「本当ですか。よかった、よかった。お祝いです。これで本を買って、勉強しなさい」

紅白熨斗がかかった金封を渡されました。金封の中には10万円が入っていました。これには本当に感激しました。

マレーシア時代では、祝いに大金が贈られることは考えられません。寿司屋で店主と板前さんに恩情をいただきましたが、福島みち子室長は私の人生の先生であり、また「大」のつく恩人でもあります。

早稲田大学大学院は充実の学び舎

早稲田大学大学院のアジア太平洋研究科は国際関係学と国際経営学の二つの専攻があり、私は国際関係学でした。この研究科は7割ぐらいが世界各国・地域の留学生で、3割が日本人。大学を出て社会人を経験した人もいました。元首相付きの新聞記者とか、市長の息子も。誰もが、勉強が目的の優れた人達ばかりです。

これは相当頑張って努力しないと、奨学金が受けられない。そう思うと、大学院時代の2年間は、ほとんど遊ぶ時間もアルバイトの時間もありません。成績A・B・CのうちAをたくさん取らないと奨学金は受けられませんから。

アジア太平洋研究科は、中国や韓国、台湾、東南アジア諸国の地域を対象に、広く国際社会で活躍できる研究者や職業人を育成するのが目的でした。授業はすべて英語と日本語のバイリンガルで、語学力を含めコミュニケーション能力を高めるのも教育の狙いでした。更に、充実した教授陣は国際連合や世界銀行、ユニセフなど世界機関で活躍をした人。これはすべて、私が勉強したい願いと合致しました。

大学院の講義

大学院は、やはりレベルが高く、大変でした。しかし、政治家になるには、ここで政治や法律の基礎をきちんと学ばなければと思い頑張りました。大学内にある中央図書館には足しげく通って、とにかく長い読書時間を過ごしました。研究室に閉じこもって、朝まで勉強したことも度々です。

政治学で学ぶのは、組織とは何か。東洋の政治思想、組織の考え方と西洋のそれとの違いは、などです。法律学も、その歴史や思想の講義を受けました。ほかには、哲学の単位も取りました。政治、法律に関わる人間の「生き方」のすべては哲学に説かれていると考えたからです。

例えば人権の問題。東洋と西洋では人権の考え方に違いがある。西洋では、個人の主張やその判断、分析力に高いものがあり、自由な言論活動が成熟したレベルにあります。東洋では（日本は西洋の水準にありますが）、まだまだそういう幅の広い考え方にまでは至っていません。

ほかにも国際連合の仕組みとその意義。国連と連携する非政府組織（NGO）。また公益性の高い行動を行う特定非営利活動（NPO）法人。

講義のなかで今もよく覚えていることがあります。これは大学院を出て日本企業に勤めてビジネスに携わるようになってから、非常に役立ちました。

「アフリカのエイズ対策は、どうあるべきか」の問いに、一般的には「エイズ治療の薬を援助して処方する」という答えになるはずです。治療は大切ですが、「これではアフター（事後）の対処でしかなく、真の解決策ではない」

つまり、感染したあとに治療すればよいではなく、いかにして感染を防ぐかのビフォア（事前）の対策が重要であり、具体的にはコンドームの使用を啓蒙する。全体的に教育水準が低く、貧しい環境の中では、その普及の施策を実施することです。

「ビフォアが重要で、アフターでは手遅れ」

問題が発生した後の解決策ではなく、一番大事なのは事前の対策だ、というのはビジネスにも通用する考え方です。トラブルや問題が発生してから事後処理に追われるのでは、信用にかかわります。これは私のビジネスの基本になっています。

小和田恆先生

講義のなかで一番印象に残るのは、皇太子妃雅子さまの父親で、外務事務次官のあと、国連大使や国際司法裁判所の所長などを務めた小和田恆先生の「国際関係論」です。

難しい講義ではありません。国連などでの豊富な体験を基にした、具体的な話ばかりでした。体験を思い出しながらのせいか、語り口はゆっくりとして、風格と重みがありました。

講義で学んだPKO（国際連合平和維持活動）について。地域の紛争が起きて深刻になった場合、交戦部隊を引き離し、紛争の拡大を防止する行動ですが、最終的には平和維持軍を投入する場合があります。このような国際的な方法として、平和維持がはかられるという点が勉強になりました。

感銘深い講義だった小和田恆先生と

国際関係と外交の機微、厳しさを身を持って体験した人でないと、こういう講義はできないと、思います。小和田先生の授業はすべて受けました。貴重な話が聞けたと今でも感謝しています。

もっとも尊敬する小和田先生を表す、こんなこともありました。国連の職員はアメリカ人とフランス人が大半で日本人は少なくい環境です。その難関を研究科の卒業生が国連職員の試験を受けて採用された際には、小和田先生の推薦の手紙が大いに役立ったと聞きました。国連というステージでも小和田先生の存在は重鎮となっています。

大学院修士論文

私の大学院での修士論文は、「近現代におけるインドネシアの華人政策と華人社会変化」でした。論文の主旨はおおよそ次のような内容です。

マレーシアは前述のとおりマレー系6割、華人系3割、インド系1割の多民族国家で、国営企業や大学でマレー系を優先的に採用・入学させる「ブミピトラ政策」をとっている。マレーシアでは、経済成長とブミプトラ政策もあって、この30～40年でマレー系の人達の生活もかなり良くなってきた。昔はベンツに乗る人は華人だけだったが、今はマレー系の財閥もあり、企業も儲かってベンツに乗る人も多い。マレー系と華人系は、政治と経済の力関係のバランスがとれて、華人を排斥しようとする「排華運動」はさして盛り上がらず、暴動も少なかった。

一方、インドネシアは、インドネシア人95％、チャイニーズ10％の人口比ですが、経済の95％はチャイニーズが握っている。インドネシアは、マレーシアのような緩和策をとらず、経済的な格差が大きいことから、「排華運動」が激しくなり、暴動も度々起きた。

政治についても東洋と西洋では違いがある。一般的にいえば、西洋では権力闘争が厳しく「友か敵か」という考え方が強いために、民主主義が発達した。これに対し、東洋では権力闘争はあるものの、何事も「融和的にやりましょう」という傾向がある。

どちらが良いとか、優れているとかではなく、両方に良い面、悪い面がある。どの国でも政治のリーダー、トップの考え方が、国の方向を決める。

アジア諸国は、融和的な考え方を尊重して、民族の違いも力のバランスをとって「協力してやっていく」政策を採用すれば、うまくいくのではないでしょうか。

後藤先生からはグローバルな講義を学んだ

早稲田大学大学院卒業式
大隈重信像の前で

第8章　反面教師の日本企業

就職活動
大手か中小か

早稲田大学大学院を卒業する頃、日本の企業で働きたいと考えて、就職先を探しました。はじめは、イポー時代に憧れていたようにできれば大手企業にと思っていたのですが、1000人も2000人もいる大企業では配属場所が限られている。いろんな部署で経験を積んで、いずれは起業の目標を実現したいと考え直してあえて中小企業に希望を絞ります。

大学の留学生課で探していたところ「Y金属」という会社が目に留まりました。アメリカや中国にもグループ会社があるカメラや自動車、携帯電話などの電子部品用の非鉄金属材料を扱う商社です。ここなら自分の語学力を生かして貿易の勉強にもなると考えたのですが、就職に当たっては、これからは情報技術（IT）も身につけておいた方がいいのではという思いもありました。Y金属の採用が決まり、人事部長に

「グループ会社のY情報社でIT関連の仕事がしたい」

と申し出たところ、私の気持ちが通じたのか、人事部長はY情報社への配属を決めてくれました。大学と大学院で政治や国際関係の勉強をしたのに、就職先はまったく畑違いの理系に。しかし、これもチャレンジのひとつだと自分の可能性の広がりを感じていました。

入社早々の洗礼

こうして社会人の第一歩が始まりました。ところが、スタートから日本企業の「悪しき慣行」の洗礼を浴びることになったのです。

Y金属とY情報社の合同入社式のあとの歓迎会は、新入社員は5人だったと思います。宴席で、社長が私にビールを注いでくれました。すると、しばらくして幹部に

「ダメじゃないか、お前が先に社長に注がなければ」

と怒られました。何がなんだか分かりませんでした。日本に来て礼儀や習慣も学んだつもりでしたが、こんなルールがあるとは知りませんでした。

それから毎週金曜日は課長が部下を連れて飲み会に出かけました。まず一次会は居酒屋。部下は上司にビールを注ぐ。さらにソーダ割りや水割りをつくります。なんでここまでやるの。正直、そう思いました。一次会のあとは二次会。接待の女性がいるスナック。課長は

「ドー君の知らない世界に行こう。お姉ちゃんのいる所！」ご機嫌でしたが、私はこういう場所はあまり好きではありません。翌日、私は課長に面と向かってこう言いました。

「昨日はありがとうございました。でもあの店は課長にとっては、お姉ちゃんでも、私にとっては、おばあちゃんですよ」

店の女性たちは年配者ばかりだったのです。これにはオフィス中が大爆笑でした。課長は

「日本人なら、こういうことは言わないものだ」

不愉快そうでしたが、二度とこんな所には行かない。私はそう決めていましたから平気でした。

年功序列、長幼の序。これは日本人あるいは日本の組織の美徳かもしれません。日本人だけの社会ならそれも通用しますが、グローバル化が進む現代においては、とくにビジネスの世界では日本企業の大きなウィークポイントになるように思われます。

人材こそ企業の財産

Y情報は、契約書や設計図面などのスキャン、マイクロフィルムの電子化、データエントリーなどのサービスの会社です。ソフト開発も行っていたのですが、私が入社してまもなく「コンピューターのシステムを教えてください」

「うちに教える時間はない。本を買って、自分で勉強しろ」

私の希望は、あっさりと断られます。それで、コンピューターのプログラミング言語を一から学んで、一年ほどして少しは分かるようになったところで、ペーパレスの文書管理システムの開発を命じられました。

これは大手のシステムエンジニアとの共同開発で、すでに実用のソフトになっています。2年目から重要な仕事に携わって、実地で開発のことを学ぶことができて感謝しているのですが、残念なのはこの会社に

「人材を育てる」「人材という財産に投資する」という考え方がなかったことです。

これは会社幹部の「責任感」の欠如でもあります。私は、会社の幹部は「次世代の社員を育

成する責任」があると考えます。企業の生命線は「顧客と社内の人材（社員）」です。その人材育成の責任は幹部にあります。

終身雇用という弱点

なぜ、責任感が欠如するのか。日本企業には社長や専務、常務、本部長といったトップクラスに勢力争いがあって、上にすり寄ってのし上がろうという傾向があります。上を狙うのは実績をもって実力でのし上がるべきなのに、上に取り入るゴマスリ文化が幅を効かす。

これでは上ばかりうかがって、幹部に下を育てる責任感は生まれません。私はあるとき上司に、こう言いました。

「人材に投資しないと、下のモチベーションは上がりませんよ。優秀な人材は転職して外に出ますよ」

「ドー君、話は分かるが私は60歳の定年までもう少しだからね。余計なことをしたくないのだよ」

この返事に顕著に表れた、年功序列と終身雇用の悪しき慣例。日本企業を成長させてきた要因は、今ではむしろ弱点です。「攻めの時代」に「守りの姿勢」だけでは勝てません。もうこの美点の役割は終わったのだと認めなければなりません。

外国人は日本人に対する遠慮からか、こうしたことをあまり言わないようにみられますが、私ははっきり指摘したい。まだまだ日本企業には、個々の社員の戦力を鍛え上げることの価値、その人材投資への責任の意識が薄いように感じられるからです。

石の上にも三年

この頃お世話になった日本の方から教えられました。

「ドーさん、日本には『石の上にも3年』ということわざがあるのよ」

この会社では、情報技術とシステム開発の力を身につけることが目的でした。嫌なことがあっても忍耐だと辛抱してきましたが、社員のモチベーションを上げることにあまり注力しない会社に将来性を感じることができません。ちょうど3年経ったところで、この会社を辞めました。

第9章　リスペクトする社長

新木場の守り神

聖学院大学のとき、奨学金を受け夏休みなどにアルバイトをしていたアーバンシステムに入社しました。学生のころから、青木三郎社長から言われていたのは、「不動産投資や管理のことを勉強していれば、起業したときやマレーシアに戻ったときに必ず役に立つ」と。

ＩＴから不動産。ここで学んだことと青木社長から教えらえたことは、自分で会社を起こしたいまもビジネスの大きな基盤になっています。青木社長には学生のころから気に入られ、「いずれ海外で会社を起こそう。そのときは私も出資するよ」と言っていただきました。

青木三郎社長は大手ゼネコンに勤めたあと独立した人で、鹿島建設や大林組、淺沼組など大手企業の本部長クラスとも親しく、月に一回は東京・広尾の自宅でこうした人達を招いて親睦会を開きました。ここに私もよく連れて行ってもらったものです。

青木三郎社長にビジネスの基本を会得した

トータルソリューション

「ドー君、日本人のビジネスの心は何だと思う。それは、すべて信用ということだよ」

私にことある度に青木三郎社長が言っていたことが、不動産の仕事をするうちに、その意味がよく分かるようになりました。

木場は江戸時代から貯木場として知られ、建設資材の集積場として栄えてきました。それが埋め立てによって、1970年過ぎにそっくり移転されたのが新木場です。新木場も流通基地として大きな木材問屋が建ち並ぶ賑やかな街でしたが、80年以降は輸入木材に押されて、転機を迎えます。

このとき、材木商のオーナー達に「賃貸倉庫」による資産運用を提案したのが青木三郎社長です。保有する土地を売却や、担保物件にするのではなく、運用資産とみる。そこに倉庫を建てて安定した賃貸収入を得る事業です。一時的な収入ではなく、長期にわたって運用利益がでる方式を考えたのです。

なぜ倉庫なのか。青木社長は私にこう言っていました。

「倉庫は壁4枚で作れるからね。商業テナントビルやマンションなどのように、色々な人権にかかわる問題も少なくてすむ」

もちろん倉庫業に着目したのは、物流の時代という将来を見据えたものでしたが、資産運用のリスクについても視野に入れてのことだったのです。

青木社長のモットーは

『顧客(オーナー)の資産を最初から最後まで責任をもって守り通す』

でした。

顧客が所有する土地に倉庫を建てて、それで終わりではない。土地・建物の管理、メンテナンスはもちろん、重要なのは、賃貸のテナントを探し、借りてもらうことです。青木社長はテナント募集から賃料の設定交渉、回収までを業務としました。それだけではありません。

信用リスクの判断からクレーム処理、訴訟対応まで責任を負ったのです。

まさに長期的な資産運用です。

最初の提案から最後まで責任を持つ、トータル支援サービス(ソリューション)です。

このため、不動産仲介のいわゆる手数料ではなく、月2%のコミッションを受け取る方式も青木社長が採用したものです。残念ながら、青木社長は亡くなりましたが、材木商のオーナーらからの信頼は絶大なもので、新木場の「守り神」と呼ばれました。青木社長を通さないと、新木場には大手の不動産会社も入れないと言われたくらいです。

青木三郎社長の企業理念

日本企業の特質であり強みでもあるのは誠実と責任感ですが、これほど見事にその精神を全業務のなかに凝縮したものを私は知りません。『誠実と責任を貫き通すことが、企業の信用をつくる』私のビジネスポリシーは、この時の青木社長からしっかりと学びました。

少数精鋭、競争心が業績アップの秘訣

青木三郎社長の企業理念とすべての業務にそれを徹底する姿勢は、社員に浸透しています。私がアーバンシステムに在籍した頃、社員は、まさに少数精鋭。青木社長のリーダーシップは、社員のモチベーションをいかに上げるかにも及びます。企業のトップに誠実と責任の強い意識があれば、社員の責任感も育んでいきます。早朝会議で社員全員から提案させ、自ら評価を下して、い

青木社長自宅のホームパーティーには業界人も

い提案は実施。営業部をAチームとBチームに分けてテナント新規開拓の目標を立てて競い合わせる。もちろん目標達成のチームには給料アップで応えました。

社員の責任とは何か。上司ばかりに気を遣うのではなく、自らが会社の利益・売り上げに貢献する。それは顧客に対する誠実と責任を果たしたうえですが、これが本当の実力です。

凄腕営業マンお兄さん

こうした社員のなかに凄腕の営業マンがいました。斎藤哲さんです。重要な案件を次々にモノにしていく、社内でも一目置かれるリーダー的存在でした。私より2歳年上で、「お兄さん」と呼び、私は「ゴー君」（苗字の漢字が呉）と言われていました。

斎藤哲さんからは、日本人の礼儀正しさや習慣、性格、考え方なども学びました。彼は背が高くて私より色黒で、どこか日本人離れしたところがあったので、イポーの私の実家に連れて行くと、「どこに日本人がいるの」と母がおどけてみせたぐらいです。

「日本はまたいつ戦争するか分からないよ。お金があったら僕は、好きなイタリアに移住するね」

ちょっと意表をつく彼の発言だったので、今もよく憶えています。その真意は不明ですが、おそらく私に日本にはまだまだ集団主義が根強く残っていると言いたかったのではないかと思います。

確かに日本は戦後、急成長を遂げ世界的な経済大国になって、民主主義や個人主義も発達していますが、集団主義的な側面は私も感じています。

彼とは「いつかチャンスがあったら海外で一緒にビジネスやりたいね」と話し合っていました。

彼はアーバンシステムを去り、起業したが思わしくなかったように聞きました。その後消息が分からないままです。私は今も、一緒にビジネスを起こして1000万円でも2000万円でも投資したいと考えています。斎藤哲さんは青木三郎社長と共に私の恩人です。

営業マンの手本を見せてくれた斉藤哲さんと

顧客サービスは人脈と情報がベース

青木三郎社長の強みは、全業務に顧客サービスの精神を徹底するところにありましたが、これを支えたのが「人脈と情報」です。材木商のオーナー達はもとより、不動産・建設・物流界にも幅広いネットワークを持ち、そこから得られる情報は豊富なものでした。

倉庫の賃料設定、交渉、信用リスクまで責任を負えるのは、この豊富な情報によるのです。大手不動産が新木場に入り込めなかったのは、この「人脈と情報」といってもよいでしょう。

まず顧客の信頼を得ること。ここにあるのは誠実です。次に、人脈と情報で顧客に最後まで責任を持つこと。これらが何度も積み重なって、社員と起業に信用がもたらされます。

第10章　グローバルビジネスの始まり

牛に乗って馬を探す　更に前進！

青木三郎社長が亡くなり、私はこれまでのＩＴと不動産の次に、本格的に貿易業の実力をつけたい思いもあったので、アーバンシステムを辞する決心をしました。辞表を出したものの、転職先は決めていたわけではありません。しばらく焼き鳥店でアルバイト生活を再開して苦労していました。

中国のことわざに『牛に乗って、馬を探す』という言葉があります。焦らずに、次のチャンスを待とう、そんな気持ちでした。

そのうち在留ビザの期限が迫り、人材派遣会社を通じて就職したのが、Ｊプロジェクツです。

ワンマン経営の社長と覇気の無い社員

Jプロダクツは、自動車部品や内装品、アルミホイールなどの輸出入の会社です。取引先はヨーロッパ各国と中東、中国や東南アジアそれにアメリカなど世界中にあり、社長もなかなかの国際派でした。

しかし、海外の取引先2～3社からの売り上げが大半を占め、それ以上に売り上げを拡大しようという覇気に欠けていました。

私の目には、社長がワンマンすぎて、社員は給料も安くてモチベーションが上がらないことが、その要因のように見えました。（建設的な議論のない会社）の印象どおり、人脈と情報を生かしたマーケティングの発想もほとんどありません。

「自分で新しく商品開発をして、取引ルートを開拓したい」

しばらくして仕事にも慣れた頃、上司に申し入れました。すると、その意欲が認められ、社長の了解も得て、市場開拓を始めることになりました。ペット用おもちゃなどのパーツを輸入販売するビジネスです。一からルートをつくり、軌道に乗せて、会社の売り上げに貢献できるところまでこぎつけました。

思わぬヘッドハンティング

その頃、国内の取引先だったT企画の部長からの電話が。

「ドーさんの国籍はどこですか。言語は何ができますか。T企画に移る気はありませんか」

ヘッドハンティングです。私がやる気のある営業マンで、北京語や広東語、英語も話せるのが、高い給料を払う理由だと思います。これは魅力でしたが、即断はできません。というのは、結婚式を間近にしていたからです。

結婚式と披露宴は2007年12月に、私の故郷イポーと妻の故郷香港の両方で行いました。私が34歳の時です。披露宴には、日本でお世話になった人達の、留学生相談室福島室長、聖学院大学加藤教授、アーバンシステム斎藤哲さん、山清社長、石井さんを招待しました。

日本の恩人達にマレーシアまでお祝いに駆けつけてもらい、父も母も大変喜び。イポーの地元政治家や経済人多数が出席して、２００人を超す盛大なものになりました。私もあらためて感謝の気持ちでいっぱいでした。

牛に乗って出会った馬は果して……

結婚式から日本に戻ると、さっそくT企画の部長から電話です。

「帰ってくるのを待っていた。すぐにでもうちの会社に来てくれないか。ドーさんに協力して欲しい」

これにはぐっときました。本気なんだと感じて、その場で転職を決意しました。

牛に乗っていたら、思いがけず馬に出会った思いです。幸運が訪れたと喜んでいました。

ところがこの馬は、のちにとんだ暴れ馬の本性を現すのです。

極秘指令は海外営業・担当部員を外せ

２００８年１月Ｔ企画に入社。Ｔ企画のビジネスは、国内の量販店などから日用雑貨類の要望を受け、売れ筋商品アレンジや、独自のアイデア商品として自社開発します。自社でデザイン・設計をして、主に中国の工場に生産依頼。その製品を輸入して量販店などに卸します。国内の取引先はドン・キホーテ、東急ハンズ、ダイソー、カインズ、マツモトキヨシなど大手と、テレビショッピング、ネットショップの会社でした。

社長の面接で給料２倍の条件を確信しました。それまでの月収30万円が一気に60万円。悪くありません。それにしても

「部長、どんな仕事をするのですか」

「実はうちの海外事業部の担当を外したいのだ」

声を低くして部長が言うのです。この担当者は海外事業部に長く勤め、中国語ができる唯一の人材がゆえに、中国の工場との価格交渉から輸入手続きまで一手に握る、仕入れ責任者です。

「この責任者の何が問題なのですか」

「中国工場からの仕入れ価格が、どうも高すぎるのだ」

つまり、この担当者と中国工場の間に癒着疑惑が浮かび上がっています。これを社長に限らず幹部は承知していたのですが、担当者に代わる人材がいないために放置されていたのでした。

これで私がヘッドハンティングされた、本当の理由が分かりました。とんでもないことになった。甘い話には裏があると思いましたが、もう引き返すわけにはいきません。

「ドーさん。これは社長意向でもあります。今すぐにとは言わないが、私と一緒に1年がかりでいいから、中国の取引工場の約30社を回って、実態を調査するのだ。実態をつかんだら、先方の社長らと交渉して、取引内容を改善して欲しい。ほかにも新しい工場の開拓が必要だと思うから、これもドーさんのやり方に任せるから、頼む」。

ピンチはチャンス

こんなやっかいなことが、首尾よくできるだろうか。私もさすがにナーバスになりましたが、もっと貿易実務知識を身に付けようと入社したのだから、いい機会と腹をくくりました。

それから1年がかりで、社長の指示どおり営業部長と中国各地の取引工場約30社を調査します。工場設備の水準、技術面の力量比較、仕入れ価格の適正と、相手側の対応など、人間関係に探りを入れるのも必須事項です。

調査の1年間に、中国の製造業の実情、東北地域と南地域の特性と違いが浮かび上がります。例えば日用雑貨類は、深圳や広州など南地域よりも、浙江省などの東北地域が比較的安い実情も判明しました。また、製造材料の金属やプラスティックの相場も詳しくチェック。同時に、人脈作りにも精を出し、情報収集に努めました。人脈と情報がビジネス交渉を決めるのですから。あらゆる調査は、相手方との交渉を有利に進めるためのものでした。

構えはできた
いざ勝負

かくして、足下を固めた私は、中国側の工場社長らとの改定交渉を始めます。これは「戦い」。

勝つか負けるか、二つに一つの決戦です。私は社長らにこう迫ります。

「あなたに二つの選択肢を用意した。一つは、これまでの仕入れ担当者ルートに替わって、これからは私が交渉の責任者になり、私のルートで取引する。もう一つは、私のルートを承認しないなら、お互いの取引を中止する」

事情を察して私との交渉を9割が「YES」回答を出してきました。残り1割「NO」回答の会社とは取引を中止します。しかし、その分は準備をした新開拓の工場を充てるので全体の生産能力は落ちない仕組みにしていました。

中国版　水戸黄門

交渉するなかには、強硬な工場社長もいました。

「あなたが新責任者になるのは本当か。信じられないが」

などと食い下がります。これには、あらかじめ備えていた一筆がものを言います。『交渉のすべての権限は、ドーに与える』と北京語で書いた、社長署名と会社捺印のある証明書を、東京本社からＦＡＸしてもらい、社長に突きつけました。まるで水戸黄門が葵の御家紋の印籠を『これが目に入らぬか』と見せつけるシーンを彷彿とさせるものでした。

「情報なき交渉」では負ける
値下げ交渉術の例

任務は、中国での新たな交渉ルートとルールを作ることでしたが、ここから私はチャイニーズビジネスのリスク回避術を学びました。

一つは、中国側の高い価格設定の言いなりではなく、いかに低く抑えて、国内の価格競争力を強化して利益率を上げるかです。中国側の社長らと癒着するのは論外ですが、そうでなくても価格交渉はぎりぎりまで詰めなければなりません。

そのためには、なんといっても情報が決め手。その商品の材料になる原価はもちろん、同種の工場からも情報を得ていなければなりません。人件費の地域ごとの相場も当然です。相手側の設定に反論できる情報がなければ話になりません。

これは発注個数をもとにした値下げ交渉です。例えば、日本企業のバイヤーは、100万個の製造を発注する際、最初から1個10円で、相手方の設定に納得してしまうことが多い。私はそうではありません。まず

「30万個発注したい」と持ちかけ

「それなら、1個10円」と相手側が言えば、

「それは高い」と、はねつけます。高いという理由(情報)を私は持っているので、

「50万個の発注で、1個8円でどうか」と突っ込み、相手側がやむをえない顔をしたら

「それなら100万個を注文するから、1個5円で」とたたみかけます。

これですべて交渉がうまくまとまるというわけではありませんが、最初から「100万個発注、1個10円」の条件に値段交渉の余地はありません。そうなるのは、日本企業バイヤーに、十分に相手とやり合える情報がないからです。

語学力の弱さよりも、十分な事前調査のないマーケティング戦略的思考の薄さと思われます。中国など特に、異なる市場文化では、相手方のやり口を熟知しておかなければなりません。

責任感のない日本企業人は接待に溺れる

日本企業の弱点をお気づきですか。

それは、接待という名の宴会「酒、食事、女性」の3点セットです。日本から中国に到着したその日の夜は、決まって宴会です。

日本では接待は潤滑油であり、大切な企業文化かもしれませんが、中国では思うつぼです。3点セットで簡単に交渉をリードされ、ペースを握られかねません。業務に責任感のない日本の企業人は、わざわざ海外出張に来ても、接待でビジネスの軌道を外れてしまい、有利な交渉ができません。

私は酒をほとんど飲みませんし、こうした宴席は大嫌いですから、はっきりと断ります。私が欲しいのは「価格と品質」。それだけでほかのものは要りません。これがかえって、中国側の社長らの信頼を得ることもあります。グローバルビジネスでは「異市場文化」を理解して、負けない交渉力を武器として身に付けることが肝要です。

第11章　中国に発注時の重大な認識

中国の工場を指導する

中国製品は、コピーは上手だが品質が良くないと言われてきました。確かにその側面は否めませんが、最近は中国の技術力も相当レベルアップしています。

それでも日本側にしてみれば、不十分だとみられるのは、発注する日本企業の方にも責任があるのです。日本は中国や東南アジアとの間に文化の違いがあり、品質に求める機能性、高級感、センスの美的感覚に落差が生じてしまいます。

これを埋めるには、日本側の適切な「指示と指導」が必要です。日本側から「こういうレベルの製品をつくって欲しい」と、具体的に指示すればいいのです。それだけで、求められている品質と、日本の消費者ニーズを十分に理解できるのです。大事なことは、相手の「要望をくみ取る意識」を働かせる伝達力です。そのためには、きめ細かい指示や指導が不可欠。中国側も、ここを理解すれば、対応できる設備と技術力は持っているのですから。

規格指示ミス
防水VS防滴

かつて実際にあった話です。日本の大手企業が中国の工場に、ある「防水商品」を発注しました。完成した商品を受け取って、担当者は青ざめました。まったく防水機能を果たしていなかったのです。これで1億円の丸損です。どうして、こんなことになったのか。

当時、中国側には「防水と防滴」の厳密な区別も基準もなかったからです。日本ではJIS規格で防水基準が「等級0～等級8」まで決められていて、等級1～2が防滴の基準です。感覚的にいえば、水中でかなりの時間がたっても浸水しないのが防水であり、防滴は少しくらい水がかかっても大丈夫なものという位置づけになるでしょう。

中国工場のテストでは、水中に入れたらすぐに取り出して、これで合格と判断していました。日本側が求めていたのは、完全防水でした。この事故を未然に防ぐには、中国側に日本の基準と基準試験について、十分な情報を与えて、可能な方法を探り、実施させるべきだったのです。言語コミュニケーションさえ十分なら、発生しない事故でした。

初歩的指示ミス 意識の違い

細かく指示を出さないと不良品になるケースをもう一つ。笑って済まされない実話です。

――ラベル事件

日本企業がシャンプー4000個を中国の工場に発注しました。シャンプー容器に日本語シールを貼って完成です。ところが、納品された製品は容器シールが天地逆さまに貼られていました。中国の工場では、日本語が分からず、逆さまにしてしまったのです。これは、ちょっとした指示さえあれば、回避できたのです。

容器などを運搬する際に摩擦で製品に非常に細かい傷がつくことがあります。これも日本では不良品扱いになる場合があります。日本側が運搬時の適切な改善指示を与えれば、中国側も設備対応ができるのです。そういう「要望をくみ取る意識」を働かせるのが大切なのです。

技術力も同じです。ある工場ではプラスティック容器を暑い所から一気に寒い所へ移すと、気圧差で容器にヒビが入る問題が起きました。この対処は中国側と共同研究し、解決しました。こうした経験から高い技術力を持つ工場へと育てられるのです。

デザイン面では、製品だけでなく容器や外箱デザインも商品価値を左右します。この点も日本側の丁寧な指導が欠かせません。適切な指示や指導があれば、中国側はそのために努力します。「売れる商品」「誰もが欲しくなる商品」は、日本も中国も変わりはないのです。いかにしてグレードアップさせるかその意識づけがポイントです。

優秀な中国企業を育てる

価格設定の改定と交渉、品質向上のための指導を続けるなかで、私はT企画の発注先の中国工場を10社ほどに絞り込みました。いずれも従業員500人から1000人規模の優秀な工場です。

優秀の定義は「価格、品質、納期」のいずれも、T企画のオーダーに応えうる能力を備えていることです。価格と品質について、納期のスピードを問われるのは、いうまでもありません。

特に日用雑貨類の納品は、売れる時に短期で集中的に投入が必要です。追加投入するタイミングも売り上げを左右します。発注に対してメーカーがスピード感をもって対応できるかどうかが勝負を分けます。

こうしたオファーができるのも、すべて信用が基盤にあるからです。ドーさんが責任を持つT企画なら安心だよと言われる信頼関係です。信用があれば決済についても融通がきくようになります。しかし、必要だからと現金1億円をいつでも準備できるとは限りません。それでも発注が必要な時があります。「まず1コンテナで2割、次のコンテナで2割、その翌月2割、3カ月後に残り4割」といった具合に、支払いサイトを柔軟に対応してもらう。これで資金繰りにずっと余裕ができる。グローバルな支払サイトのルールは、「手付けに3割、納入時に7割」がスタンダードですが、こちらの変則的な要望を聞き入れてもらえるのは、こちらに信用がある取引だからこそです。

1人6役のひとり舞台

海外事業部で、私は1人で5人分の仕事をこなしました。「商品開発、価格交渉、品質指導、シッピング（出荷船積み業務）、税務面を含むすべての資料作成」の仕事です。

もちろんトラブルが発生すれば、その処理も自分でやりましたから、これを入れたら6人分です。まさに、一から十まで　ひとり舞台です。『会社から給料をもらっているのだから、売上アップに貢献するのは社員の責任』これがモットーですから、6人分でも当然と考えていました。社長が「ドーさんにすべて任せる」と言われたことも、私のヤル気につながりました。

大ヒット商品を連発
生産は売り手意向を見極めて

T企画社長は豊富なアイデアマンで、人気のある量販店の担当者と相談しながら、オリジナル商品を発案します。社長自らペンを走らせ、アイデアのアバウトなデザインを描きます。それを基に販売店担当者と検討して、販売店担当者が商品化を見込んで発注のゴーサインが出れば、本格的に稼働するスタイル。

作り手の思いを先行して製作するのではなく、売り手の意向を決定してから生産する。これが売れる商品を生み出す原点です。

――ジェット水流フットバス

和風の檜桶に流れるジェット水流で足をマッサージするフットバスは、商品開発の段階から社長と打ち合わせ、方向性を決定しました。アイデア商品は見た目が大事。社内のデザイン部ではなく、あえてアウトソーシング。機能を生かした製品デザインとパッケージの本格デザインを求めていきます。

生産は、私が選出した中国工場に発注。仕入れ単価４５００円を1万６８００円で売る、3．73倍の高い利益率です。1年間で20コンテナ、個数にして約3万個、純益でざっと3億円。「これでデザイン賞をもらった」と社長はご機嫌でしたが、私は、これだけの利益が上げられたのは私の交渉力の結果で、売り上げ増に貢献できたと達成感があり、満足でした。

――肩もみ小型マッサージ器

肩をもみほぐす小型マッサージ器も、驚くほど売れました。大手食品メーカーが自社ロゴ入りノベルティー商品として3万個の特別発注をしたもの。これも相当大きな売り上げでした。

――回転洗浄機能付きモップ

回転させて洗浄・脱水する円形モップは、すでに大手企業の販売していた価格は3980円。後発の他大手量販店から、「同類商品でこの価格を下回る物ができないか」と相談がありました。

デフレ時代であっても、日用品のアイデア商品は、値ごろ感だけでなく品質の良さが求められています。が、後発隊が市場で販売数を伸ばせるかどうかは、価格競争力にかかっています。

私は、中国・浙江省の工場なら安くできるという情報を得て、早速その工場に直接交渉。サンプルを送ってもらい品質にも問題がないことを確かめて、従来の他社価格より1000円安い2980円で販売できるところまでこぎつけました。

発注した量販店の売れ行きは順調で、人気商品になりました。

――サーズマスク

新型インフルエンザの大流行で、日本中のマスクが品不足になった時、得意先から「何とかマスクを輸入できないか」という要請がきていました。

私のネットワークで、中国・湖北地区のマスク工場は、まだ日本の商社に出していないという情報をつかみ、ここに大量の発注をします。

すると、生産能力のある工場から、わずか3カ月のうちに数十万枚のマスクを仕入れ、国内のスーパーやドラッグストアに納入。これは飛ぶように売れました。マスクはインフルエンザの流行期が販売のピークです。短期決戦型のビジネスにはスピード対応が、勝敗の分かれ道です。

この取引条件は、中国の仕入れメーカーからは、「ドルでも円でもなく、中国人民元での決済」を求められ、この要望に応じて送金しました。これも私のネットワークと情報の力が可能にさせたことです。

第12章　企業は人なり

社長と意見の対立

　T企画には、常務と本部長の間で権力闘争がありました。本部長が常務の座を狙って、常務を追い落としにかかっているというのが社内のもっぱらのうわさでした。私の目には、本部長は社長にすり寄っているように見えましたが、実力は常務の方が上回って映りました。

　ただ、この常務にも大きな問題があり、月に100万円にもなる交際費の使いようで、経理も頭を抱えてたので社長に進言しました。

「使い過ぎだと、はっきり常務に言ったらどうですか」

　社長は「いいよ、いいよ」と、お茶を濁すのです。どうも常務には強く言えないようなのです。

　本部長を切って、力のある常務を残すべきではないですかと言ったこともありますが、社長の返事は相変わらず曖昧なままでした。

　中国に『一つの山に二匹の虎は棲めない』ということわざがありますが、一匹の虎にするのは社長の決断です。仮に二匹が共に必要なら、権限と領域を棲み分けて、両雄に競わせるべきです。残念ながら、社長にはそういう考え方はなさそうでした。

こうした上層部争いもあってか、優れた営業マン2、3人以外は、多くの社員に覇気がないように思われました。私の考えは、役には役の責任があり、平には平の責任があるというものです。

役割の責任

社員の責任は「自分で売り上げをつくる」ことであり、そのために「自分なりのマーケティング戦略を練る」ことです。その基礎は人脈と情報です。社員たちに、そういう戦略性は感じられませんでした。得意先との間を単につなぐメッセンジャーボーイにすぎません。

日本企業には『ほうれんそう』つまり、報告、連絡、相談」という決まりがありますが、これは日本に限らずビジネスでは上司に対する部下の義務です。但し、部下の『ほうれんそう』をしっかり受け止めて理解・分析・展開していける上司の能力を問われるところです。

トップの優柔不断さが利益を阻む

正確な判断と報告。これも部下の義務と、私は考えています。デザイン部について社長と意見が対立したことがありました。

「デザイナーが年配だと、仕事は遅いしデザインも斬新さがない。20歳代のデザイナーを採用して、現在の人は配置転換するか、いやなら辞めてもらうしかない」

と強く言うと、人情家の社長は、それはね……とごまかすばかりです。

経営効率が悪い状況を見て見ぬふりをするのは、経営者が心情的に、人員整理を非情だとでも思っているのだろうか。会社全体の不利益になっても波風を立てず現状維持する。この優柔不断さは、日本企業のトップの大きな弱点と言ってもよいでしょう。

出張・接待の落とし穴

「私は中国に部長と一緒に行く意味がないと判断するので、今後は、部長の同行は必要ありません」と申し出たことがあります。部長の出張目的の一番は現地での宴会です。食事、酒、女性の三点セットで接待されて、無意味な時間と金を浪費します。

最悪のケースは、その際の弱みに付け込まれてビジネスを翻弄されることです。悪しき慣例はいまだに引き継がれ、この三点セットでどれだけ損失を被っているか、一度あらためてみてはいかがでしょうか。

出世か独立か

私がT企画に入社して5年ほどの間に、売上高は当初の28億円から60億円近くまで大幅に伸びました。もちろん私一人の力ではありませんが、驚くほどの売上高増加の大半は、私の貢献によるものだと自負しています。

給料、ボーナス、私の扱う輸出の3％が報酬ですから、年収は軽く１０００万円を超えていました。社長から「10年後は、ドーさんに会社を任せたい」と言われたこともあります。

「私は日本人じゃありませんから」とやんわり断りましたが、もともと日本企業で社長や役員になるつもりはありません。社長には、重要な仕事をまかされ、貿易業の力も自信もつけられたと感謝しています。

松下幸之助の言どおり

ＩＴ業界から不動産業界、そして貿易業。日本企業に勤め始めてからちょうど10年が経っていました。現パナソニックを一代で築き上げた屈指の経営者、松下幸之助氏を著した本の中に『社会人として一人前になるには10年かかる』と書かれていたのを思い出しました。

そろそろ独立の時だとT企画に辞職届を出し、健康保険証を返却。慰留されても一旦決めたものは撤回しない固い決意でした。社長も、それを了解してくれて円満退社となりました。

企業のなかでさまざまな体験を積み、恩人と言える人にも出会い、多くの人にお世話になりました。一方で反面教師というよりほかにない場面に遭遇することも度々でしたが、それもこれからの糧になるはずです。それにしても、ほとんど日本語も話せない留学から、ようやく日本で念願の起業をするところまでたどりつきました。

第13章　カジノ経営

中国の三国志「関羽」に倣え
社会は人脈で回っている

ビジネスも先人の教え「三国志」に倣《なら》うことが多いと実感しています。

中国の魏《ぎ》・呉《ご》・蜀《しょく》、三国時代を記した歴史書が三国志。この曹操、孫権、劉備、諸葛孔明の4人を中心にして繰り広げられた戦国史に残る、「関羽」は、文武両道に優れた武将です。

その後、関羽は商売の神様と崇められ世界のチャイナタウンには関帝廟《かんていびょう》に祭られています。世界各地で活躍する華僑にとって、外地へ攻め入って成功を収める知将の兵法（ビジネス戦略）と人脈（情報とコ

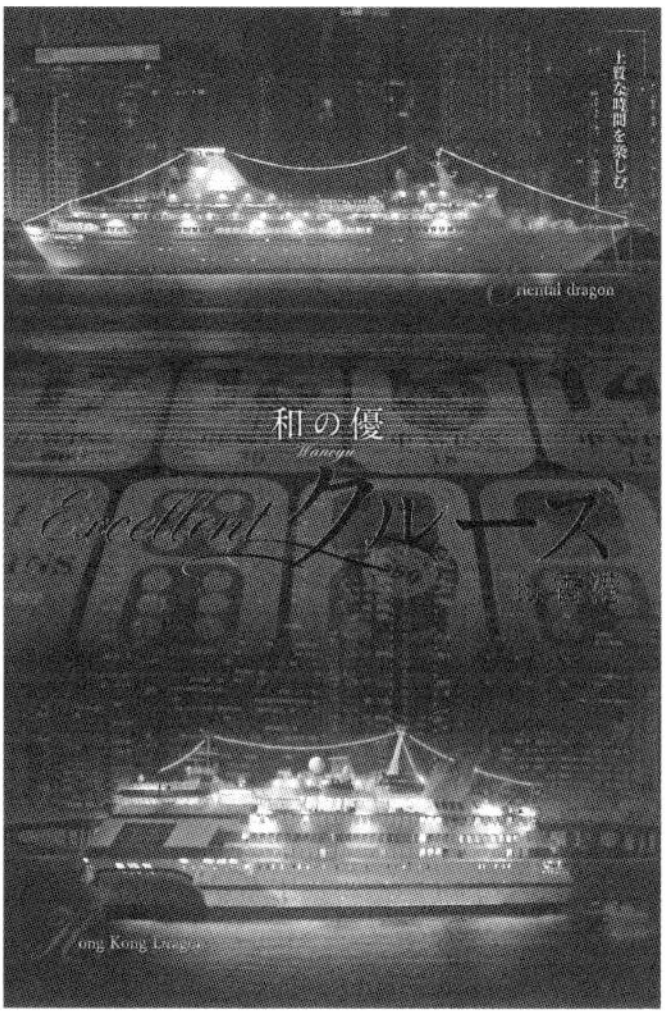

香港洋上をクルーズする２艘の合法カジノ船

ネクション）構築は、今なお人々の心をとらえて離しません。歴史上でも商売と第三勢力とは切れない関係にあり、社会はすべて人脈で回っていると諭されているようです。

情けは人のためならず

『情けは人のためならず』とは、ゆくゆくは自分にも恩情が返ってくる例えです。そのことわざどおりになりました。

台湾の知り合いAさんから「私の仲間夫婦が借金トラブルで、やっかいなグループに追われている。しばらく身を隠せる場所が必要なんだが、協力してくれないか」と相談がありました。

非常事態を察した私は、台湾人救出作戦を開始します。

「殺人とクスリに関与するのは、絶対にお断りだよ。それ以外なら」とだけ念を押して、すぐさまマレーシアのある場所に隠れ家を用意したのです。3カ月後、トラブルが解決したらしく、その夫婦は台湾に無事帰国しました。

この一件で、私はAさんの信頼を得たようで、Aさんの台湾や香港の経済人の広い付き合いから友人から友人へと、上場企業の社長らまで太いパイプをつないでくれました。そして、新たな拠点を設けたビジネス展開を迎えます。

香港「WAYU」の起業

香港のカジノクルーズ（洋上で合法的賭博をする施設のある船）の、カジノ経営部門が「WAYU LTD HONG KONG」の業務です。

カジノ業界にまったくコネクションが無かったにもかかわらず、経営に踏み入るきっかけは、台湾人救出作戦で功を奏したのがきっかけ。救出依頼をしたAさんから

「カジノ経営に興味がありませんか」

と、打診され、アジア最大級カジノグループのオーナー香港人を紹介してくれたのです。このカジノグループは4隻のカジノクルーズ船を所有しており、「オリエンタルドラゴン」と「チャイナスター」の2隻の船内カジノ経営を引き受けました。

損して得とれ

カジノ経営の最大事項は利益の配分です。私のビジネスポリシーは「信用」ですから、オーナーと私の間に取り決めを交わしたのは、通常取引と逆転した「利益配分はオーナーが6割、私が4割」。

カジノはバカラなどで胴元（経営者）と客が賭けを行い、胴元が負けると客に相応分の支払いをするもの。胴元にリスクもあるので、一般的な利益配分はオーナーが4割、経営者が6割という暗黙の了解がある世界です。しかし、あえて私の提案は、オーナーに6割、経営者には4割、の逆転したオーナー多めの配分で『よし』としました。

『損して、得とれ』の精神です。初めから自分の取り分を欲張る卑しい気持ちは見透かされます。私はこのオーナーの信頼を得ることで、次のビジネスチャンスにつながる、と考えました。実際、オーナーはこれで私を気に入ってくれ、そのあとに業界では、「ニッコーのビジネスは、相手に損をさせない」と評判になったのです。

日本人誘致を喚起した世界初・和風インテリア

飲む・打つ・買うは　身上《しんしょう》潰す　日本人にはマイナーのギャンブル

カジノクルーズは日本人客誘致にも力を入れ、「オリエンタルドラゴン」の7階に「和風VIPラウンジ」を造りました。「アジア初の日本スタイル」と話題にはなったものの、訴求力は弱く、客の増員には至りません。どうしても『賭博は怖い。のめり込んで、散在して、身ぐるみ剥がされて、一文無し』と、まだまだ日本人はカジノアレルギーが強いと、痛感しました。

ところが日本は公認の競輪、競馬、競艇の人気は衰えず、潜在的なギャンブルニーズがあります。一部の日本人が持つカジノのマイナーイメージさえ変えれば、新たに誘客できると分析しました。

今、香港ではグローバル展開する新カジノクルーズ構想が始動しています。これまでの600人乗り中型2隻を一新した新造船は、大型客船型。中型船の2倍以上の展望台ラグジュアリーデザインと船旅独特の異次元の空間を備えた、新しいカジノクルーズタイプです。これでクルーズ観光客船の好きな日本人客に、もっと楽しんでもらえると考えています。

カジノ経営のセキュリティー

カジノは一瞬にして大金が動く賭場だから、大勢の人に安全に遊んでもらうために、どうしても必要なものが、セキュリティーです。

香港カジノクルーズの客も、なかには大負けして船から飛び降りそうになる人も、「八百長だ」と騒ぎ立てる人もいる。それを事故や犯罪になる前に抑制・解決するには、時には第三勢力ビジネスとの交渉も必要です。

これは違法行為ではなく、トラブル時前回避の合法的セキュリティー。客を被害から守るための経営上、常識的事項です。

賭博の落とし穴から救う
ドー流ビジネス

私の経営するカジノクルーズでは、所持金の範囲内で賭けを楽しむのが原則です。大負けして熱くなっている客に、更に多額の金を融通して賭けを続けさせるカジノも多いのですが、「人の弱みをつけ込んで儲ける」あくどいギャンブルはしません。負けのスパイラルから救うのが、ドー流ビジネスです。

「賭博依存症対策みたいな良心的なやり方では、ニッコードーさんはカジノ経営に向いていない」と、よく言われます。しかし、私のモットーは変えるつもりは、将来もありません。このセキュリティーの考え方が、私のビジネススタイルですから。

メイドインジャパンのカジノ法案
IRが決まった

「いよいよ日本でも、合法的にカジノが楽しめるようになる」と、気運が盛り上がっているのが、

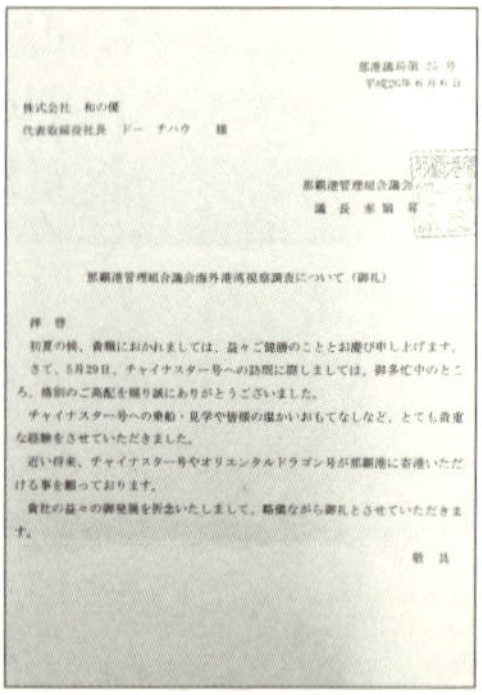

那港議局第 25 号
平成26年6月6日

株式会社 和の優
代表取締役社長 ドー チハウ 様

那覇港管理組合議会
議長

那覇港管理組合議会海外港湾視察調査について（御礼）

拝啓
初夏の候、貴職におかれましては、益々ご健勝のこととお慶び申し上げます。

さて、5月29日、チャイナスター号への訪問に際しましては、御多忙中のところ、格別のご高配を賜り誠にありがとうございました。

チャイナスター号への乗船・見学や皆様の温かいおもてなしなど、とても貴重な経験をさせていただきました。

近い将来、チャイナスター号やオリエンタルドラゴン号が那覇港に寄港いただける事を願っております。

貴社の益々の御発展を祈念いたしまして、略儀ながら御礼とさせていただきます。

敬具

沖縄港管理組合から
カジノ船見学の礼状が届く

日本のカジノ営業を見越した香港クルーズ見学

2018年、統合型リゾート整備推進法案／通称IR（カジノ法案）の成立です。

国民も興味が高まり、2014年には、カジノ会場設置を見越した東京都や大阪府、横浜市などと並んで候補地に名乗りを上げた沖縄県から、那覇港管理組合の超党派議員団一行13人が香港カジノクルーズ視察に訪れました。カジノ経営者として船内を案内し、財務管理システム、運営、セキュリティーまで詳しく説明すると、カジノ体験のない方も多く「アー！ ウォー！なるほど！すごーい！」と感嘆の声が上がりました。

実際の現場視察が、設置検討に非常に参考になったと感謝状をいただき、翌年は私が沖縄を訪問して、もっと多くの方とカジノ説明・議論を交わしました。

セキュリティーのとらえ方甘くない　カジノビジネス

カジノでは金を融通して回収ができないというケースも「裏」を通せば、回収作業がスムースになる場合が多いのです。「善悪」ではなく、あくまでそれはビジネス。その業界の厳格なビジネスルールに従って執行されるものだから、アメリカ・ラスベガスでもカジノビジネスが継続して発展しているというのが現実なのです。今の日本とはセキュリティーの考え方がまるで違いますが、カジノという特殊な場では出会ったことが無いアクシデントの対応も必要になります。

例えば、日本国内で発生しなかったマネーロンダリング（資金洗浄）が、海外のカジノではよく問題になってきました。無論、これは日本では容認できないことですから、カジノが開設しても悪用されないように十分な対策が必要です。

未体験者には想定外のことが発生するカジノ。さて、対処をどうしますか。

「カジノは甘くないよ」

これが Made in Japan　Casino Resort への私の忠告です。

カジノ経営未経験の日本明暗の分かれ道は

日本政府はＩＲ法案により、外国人観光客をカジノに誘致する意向です。実現は２０２０年の東京オリンピック・パラリンピック以降ですが、カジノは、セキュリティー面、人材採用、財務管理、ゲームセッティング、環境管理など、時に例外的なことも容認しながら稼働する、非常に特殊な業界です。

開催未経験の日本の行政と市場の動向を見守りながら、私もカジノ経営経験者として参加できれば率先して応じ、日本の力になりたいと考えています。

第14章　「和の優」を輸出する

ソフトを商品として輸出する発想

日本の優れた商品・サービスを海外へ広める事業として、日本ブランドのホテルサービスをマレーシアにも展開する案件が現在進行中です。

――老舗ホテルのマネージメントを輸出する

ひとつは帝国ホテルなどと並ぶ老舗のホテルで東京・銀座、ベイエリアなどに高級ホテルをもつ運営グループ。そのサービスのノウハウやマネージメント、オペレーションをそっくり生かしたホテルをマレーシアに建設するものです。

私がマレーシア大手デベロッパーの社長に直接

「すべてが日本流の質の高いサービスを提供するホテルをつくったらどうですか」

と提案したところ

「ドーさんのアイデア、いいですね」

即答でＯＫをいただきました。

すでにマラッカに30階超の高層ホテルを建設する具体的なプロジェクトが進行中で、そこに導入する意向を、デベロッパー社長のトップダウンで決定したのです。

そのプロジェクトが動き始めると、日本のホテル運営グループの執行役員からは

「ドーさんの現地人脈のすごさが分かりましたよ」

実際にプロジェクトが稼働したので、信頼できる人物だと明確になったのでしょう。

――質の高いシティホテルのオペレーションを輸出する

ほかにも日本企業のビジネスホテル・シティホテルを経営するグループは、国内各地だけでなくインドネシアのホテルとも提携しており、東南アジアに理解の深いグループ。もちろん「日本流おもてなしの心」を徹底し、新しい形のシティホテルを展開していることでも知られています。

マレーシア展開の話があり、これも私がマレーシア大手デベロッパーに橋渡しをしました。日本企業グループの社長からは、私の人脈と情報の持つドー・ブランドがここでも正当に評価されました。

――レンタルオフィス新システムの開発を輸出する

需要の内容が多様化して、更に質の良いオフィス需要が高まり、レンタルオフィスの案件が登場してきました。

マレーシアには1400社を超す日系企業があり、「借主を探すビル所有のマレーシア企業」と「貸主の海外ルートを探す日本企業」の双方から相談が持ち込まれます。

マレーシアに進出する日本企業向けに、日本の優れたノウハウと情報を活用したオフィス提供を望む日本大手不動産グループから私に依頼があり推進中です。マレーシア経済発展を見越した商談数は、これからも増えるばかりと確信しています。

第15章　コンサルタント業

一回的な仲介業（ブローカー）

中国や香港、台湾、東南アジアにルートをもち、トップクラスと交渉ができる人脈があっても、日本企業と海外の企業とを単に仲介するだけの一回的な仲介手数料だけで全てが終わるのが「ブローカー」です。

フルサービス提供（ブランド付きコンサルタント）

顧客に、最初から最後まで責任を負うフルサービス提供が仕事です。海外での取引や交渉、新規開拓は、まず事前の現地情報収集、現地の人脈（人のつながり）が欠かせません。このベースがないと顧客への十分な責任は果たせないからです。

コンサルタント業には持続的サポートに対する報酬が発生します。それは、年月をかけて培ってきた情報収集力と、確かな人脈活用力への対価です。コンサルタントに対する「信頼」と「信用」があってこそ、高い顧客満足度を達成できる。それがブランド付きコンサルタント業です。

ビジネスの常識が通じない世界に愕然とした苦い経験
――ブローカー・フィクサー

まだまだ私のビジネスを理解されていない人達も多く、驚愕する事件が起こります。

日本の老人ホーム経営企業X社から「マレーシアで老人施設をやりたいが、その用地候補はないか」という相談が持ち込まれました。

私は、売上4兆円というコングロマリットの会長的存在の方とつながりがあるので、この不動産部門の関連会社に打診しました。トップダウンで処理される案件は、即座に回答がくるものです。早速X社に、希望物件の老人ホームにふさわしい土地を見晴の良い丘の上に見つけたとの報告をしました。

ところが、しばらくして、コングロマリット不動産部門会社の幹部からこんな電話が……。

「ニッコーさん、先日の老人ホームの土地探しの件ですが、X社からうちに直接交渉に来ましたが、どうしたのですか」

私は耳を疑いました。驚いてX社の担当者に

「私に無断で直接取引を申し出ましたね。これは商談の違約です」

と厳しく追及しますが、X社の担当者は

「社長が事情を知らずに進めた件だから」

と、のらりくらり。この弁解に納得がいくはずもなく、Xの社長にも

「商道を逸した裏切り行為だ」

と強く抗議しました。私をフィクサー的存在とみなして、ブローカーの一回的な手数料さえ渡せば済むと思っていたようです。

私はコンサルタントですから、この丘の土地環境を調べ、価格交渉の相場感なども調査、更にトラブルが起きた場合のリスク処理まで視野に入れたコンサルテーションをしていたのですが、相手に十分に伝わっていませんでした。

ビジネスでは常識となっていることでも、うかつにしないで、事前にコンサルタント契約をしっ

かり結んでおくべきだったのです。この点が私の反省材料でもありました。

――ブランド付きコンサルタントのやり方

日本の優れたオリジナルデザインのアクセサリーを販売するY社が、かつてアジアでの展開を計画し、マレーシアでは宝石販売の最大手の会社に提携を申し入れたが、うまくいかなかったようです。その3年後、私にY社からその宝石販売にルートはないかと相談がありました。私はその販売会社のトップと知り合いだったので、電話を入れて説明すると、「話を進めましょうとなり、他から見たら、いとも簡単に話が進んで、大した労力も費やしていないじゃないかと思われようです。

ところが後日、大変な事態へと展開したのです。いざ具体的なビジネスに入るところで、Y社が私を排除して直接、相手側と交渉したいと言い出したのです。私はこれから始めるビジネスのリスク回避を含めて、交渉には現地の事情に精通したサポートが不可欠だと強調したのですが、通じませんでした。

ここでもブローカー的存在としてしかみられていなかったわけです。私はこのプロジェクトを降りました。ブランド付きコンサルタントとして、プロジェクトの最後まで責任を負う仕事を、まっとうできないものは、受けない主義です。

人脈は見えない超パワー
自身のステージは自身でつくる

人脈ネットワークを広げる提案能力は、いうまでもなくその案件がいかに魅力的であるかで評価されます。

私の事業計画書での重要なアピールポイントは「日本と海外の架け橋」の目標をベースにしつらえ、提案ビジネスが両者に大きなメリットがある点を強調します。そのうえで自身の信用のもとに、海外でも政財界の要人や企業のトップクラスを介してルートが開拓されます。

マレーシア政府の大臣クラスともコネクションがあり、政府主催の会合に招待された席で、財閥オーナーらとネットワークを拡大しています。紹介が紹介を生み、出会ったステージによって、互いのバックグラウンドまで解り、非常に重要です。

自分をどのステージに立たせるかは、自らの心がけと努力で選別をしてください。自身をプロモーションできるのは、自身だけですから。

私の人生哲学『類は友を呼ぶ』

「ドーさんの、グローバルな人脈はすごいですね。どうしてあんなトップクラスまでつながりができるのですか」

とよく聞かれます。私の考える人脈づくりのベースは「コミュニケーション能力」と「ビジネスの提案能力」の二つです。この二つがあれば、対峙する個人に「信頼」が生まれます。次に魅力あるビジネス提案をして、「責任」をもって役割を果たせば、そこに「信用」が生まれます。「信用」を勝ち取れば、自ずと「人脈」ができていきます。

人脈はネットワーク。ネット（網）が広がるように、人脈も自分を基点にして拡大します。

ただし、じっとしていては広がりようがありません。積極的に情報発信します。発信先は、自分同様にアグレッシブに次へとつないでくれる人達を厳選します。例えば、Aが「日本企業のこんな優れた技術、製品、オペレーションサービスを海外に提供する準備があるが、それらを導入する企業はないか」

Aの発信にBが「その分野なら、この人を紹介しましょう」

BがCに相談すると「それなら上場企業の社長を紹介しましょう」

目的に応じてジャンルのトップにルートが開かれるわけです。それにはとにかく発信先のチャンネルを数多く持って、事案ごとに柔軟に対応できるスタンバイをしておきたいものです。

ネットワークの原点に戻ると、発信元として自分自身が信頼される人物でなければなりません。

私の人生哲学『類は友を呼ぶ』の実践は、自身を律して人格を形成してこそ開かれる道だと確信しています。

自身のブランドづくり

私が日本に留学し、マレーシアでもよく知られた早稲田大学大学院（修士課程）卒業の事実も、自身が信用を得ている理由のひとつでしょう。日本在住で貿易やコンサルタントをしているマレーシア人が少ない稀少価値もあると思います。このブランド価値が政府要人とのルートづくりに反映しています。

かつて私の信用に関するこんなエピソードがありました。マレーシア首相府の大臣クラスM氏から電話が入り

「政党幹部の友人の娘が日本に来て、行方不明になった。至急、探してくれないだろうか」

「それは東京のマレーシア大使館に正式依頼して、日本の警察に連絡するべきでしょう」

と私は返事しましたが「いや、急いで調べて欲しい。ドーさんの方がスピーディーだから」

私は知り合いの日本外務省の幹部に事情を説明し、この幹部の骨折りでなんとか消息を確認できました。「やはりドーさん、頼りにしています」と感謝され、M氏らの信頼を得ました。

人脈が生む情報力と経済力でビジネスの勝敗が決まる

人脈と人脈がもたらす情報力が、ビジネスの勝敗を決める。この認識が、日本企業には薄

いように感じます。
非常に残念な事案に終わったのが２０１７年に持ち上がったオファーの件です。知人の中国共産党幹部で、国家プロジェクトを推進する国家資産管理委員会の幹部でもある彼から
「鉄道バッテリー技術で優れた日本企業を探しているが、心当たりはないか」
と、打診がありました。中国を縦断する鉄道の生産規格を東北と南の間で統一する大プロジェクトがあり、そのなかでバッテリー部門も課題であるとのこと。プロジェクト開発当初の商品検討に参戦できたらプライオリティーが高く有利なうえ、プロジェクト側からの要請であれば、なおさら採用の可能性が大です。日本製品が採用されたら、将来は中国全体の鉄道規格となり得るであろうし、ビッグビジネスが約束されています。

――運気が向いてきた

早速、この分野に明るい知り合いの日本人に相談すると
「大手の電機メーカーZ社が、最近バッテリー技術について新しい開発をした論文を発表している」

という返事。これは有力情報だとピンときたので、即座に論文を入手して、問合せ元の例の中国人に送りました。敏腕な彼は、そのレスポンスも迅速でした。

「一度、日本のその電機メーカーZ社に会いたい」

と強い興味を示しての申し出です。その日本企業Z社は、電力監視制御システムや鉄道用電気設備などの大手メーカー。ここには私のルートがないのですが、臆せず電話。担当部長にプロジェクトの内容を詳しく説明して、中国側も論文に強い関心を示していることを話しました。

――まさかのNO回答に愕然

電話の後に一向に回答が来ないのでZ社担当部長に問い合わせたところ、返事は「NO」でした。面談の希望もかなわず。果して、この部長がどこまで稟議を上げたかは知る由もありませんが、商運が向いている話に対して「取引するつもりはない」とネガティブな回答です。

確かに当社「和の優」は、まだブランド力のない時代。Z社は私のビジネスをフィクサー的情報提供者にしかみえなかったのでしょう。この対応で、情報と人脈への感度の鈍さに直面して、個人と企業の隔たりの大きさを知らされました。

それにしてもなぜこの機会を生かさないのか。一度面談してプロジェクトの重要性を説明するチャンスを与えてさえくれたら、大きな進展があっただろうに。非常に無念の思いをしました。

――判断基準の見誤りがマイナスを生む

Z社の判断基準として、ブランド力のない一個人の私がもたらした情報という点に重きを置くのではなく、この情報の中身と情報源のルートに重きを置くべきだったのです。つまり、情報源（私）の表面的な部分を慎重に判断して、肝心の情報の重要性と将来性を見逃し、大きな価値を逸してしまったのです。

後に、この鉄道技術の統一プロジェクトはアメリカ企業の主導で進んだと聞きました。ここにも、日本企業における、情報と人脈への「感度の鈍さ」をみてとることができます。

第16章　Communication

『わらしべ長者』は偶然の賜物
長者になる必然の行程は

日本の昔話『わらしべ長者』は、長者になりたいと観音様に願をかけた男の、始めに手にした1本の稲のわらから次々に起こる偶然の連鎖が、男を金持ちさせた話です。ところが現実は、願をかけたら観音様があなたに偶然の連鎖を与えて、長者にしてくれるでしょうか。

ビジネスを成功に導く人脈づくりも、自分で構築するよりほかにありません。すべては自身の「信頼・責任・信用」あってのことです。

自身の信頼を得るためには、相手にまず「得」を与えて自分の利益はその次という「損して得を取る」心構えが必要です。ビジネスパートナーや顧客に「最後まで責任を負う」ということも、信用を勝ち取るうえで欠かせません。

「自分の利益優先」「難しい局面は無責任」では、信用を失墜する致命傷になるのですから。

10分で人を見抜く眼力の鍛え方

ビジネスには気運というものがあります。そこを逃さず成功に導くには、強い交渉力が必要で、交渉力のベースはコミュニケーション能力です。

さまざまな民族と会話し、異なる文化、思考を基に意見をぶつけ合うとコミュニケーション能力が高まります。それがお互いの人格を養い「特質と性格」も成長していくのです。

私は多民族国家のマレーシアで生まれ育ち、日本に留学して日本企業に勤務した後、日本と香港で起業することになりました。この過程で多くの異文化と接してきて得たのが「会話10分以内で、相手人物の全貌がつかめる」という、特技です。

これは会話の内容と話し方、話し振りからうかがえるものです。10分間話せば、その人の「誠実さ、真面目さ」は、ほぼつかめます。逆に「適当でいい加減な性格」は、どうしても話し振りににじみ出ます。

10分もあれば「この人と組めるか」「中身のある人間か」の見分けがつくのです。

相手の話に耳を傾けているか、自分ばかりが喋っていないかでも「相手の立場」をどこまで配慮できる人物であるかが分かります。

「相手の立場」に配慮できるかどうかは、一回的な仲介業ではなく、パートナーや顧客に対する持続的なビジネスに発展させる場合、とても重要な課題です。

コミュニケーション能力のつちかい方
言語の壁を打破せよ

海外のビジネス展開は、言葉の壁をクリアしなければ始まりません。日本人は英語、中国語、東南アジア諸国の言葉を話せる人は希です。最近は、小学校で英会話を導入していますが、これからのグローバル時代には、更に徹底した外国語教育が欠かせず、国レベルの課題として強化するべきです。

企業は、留学生をもっと採用して国際感覚の日常化を図ってください。また、社員を積極的に海外留学・駐在させ、技術・語学習得や生活体験が急務です。海外ビジネスで戦力になる人材育成は、企業の大きな責任。言語コミュニケーションは、信用・信頼の源です。最近は、オフィスでは英語だけしか使わない企業も現れており、効果的なやり方だと思います。

外国人が戸惑う日本人の美学

「YES、NOをはっきり言わないのが美徳」？↓仕事でも何でも、その都度に判断して進行方向が決まります。右か左か直進か、言ってください。意図が伝わらないと事故になります。

「思いは以心伝心」？↓超能力者の集団ですか。何パーセント伝わりますか。真意が正確に伝わりますか。後になって「こういうつもりだったのに…」と、言われてもIt's too late.遅すぎます。適当にうなずく人には、are you sure? いいですか。確認をとってください。

「曖昧さも優しさのうち」？⇒必要ありません。混乱を招くだけです。自分の考えに結論と確証がなければ交渉のピンポンができません。包装材を剥がして中身をクリアにしてください。

「人の名前を呼ばず役職で呼ぶ」？↓社長・専務・常務・部長・課長・係長。取引先相手も名前でなく役職名でしか呼ばないのは、なぜですか。個人の名前を憶えていないと思われても仕方がないでしょう。失礼に感じます。

第17章　日本人ビジネスの強みと弱みは表裏一体

日本人の特長が吉と出るか凶と出るか

「誠実さ」「まじめさ」「謙虚さ」が人格形成の基本であると祖国の父からも教えられ、留学した日本でも学びました。特にこれらを重んじているのが「日本人の特長」でもあり、「日本企業の強み」といえるでしょう。

ところが、「強み」の誠実・まじめ・謙虚の一面が「慎重すぎる」「決断力が鈍い」と顕れた途端に、「弱み」に転じてしまいます。

私も日本企業で仕事をするなかで、重責の上司がなかなか決断を下さない優柔不断の姿勢を度々見てきました。ここは積極的な攻めに転じるべき時なのに決心がつかず様子見する場面も多くありました。これではお互いの時間が無駄に過ぎていくばかりで、生産的ではない事態でした。

日本人特有　迷いの文化

日本人の迷いの文化は、海外ではどのように映るのでしょうか。

明確な判断を下さない。

不明瞭なまま、ずるずる動いてしまう。

責任の所在がはっきりしない。

――「考えてみます」「検討します」は「お断り」の意思表示

日本人が海外の不動産に投資する場合に、交わされる会話に、

「なかなかいい物件だということは分かりました。でも、もうしばらく考えさせてください。よく検討します」

と答える方がいます。海外物件への投資はリスクも大きい。迷っているのもよく分かります。

こうなると私は、これは購入しないと判断します。案の定、しばらくして間違いなく「断り」の電話が入ります。

これが中国人や香港人などは、その場で納得いくまで質問します。そしてほとんどの方が、はっきりとその場で結論を出します。

この例をとっても日本人の心は「なかなか読めない」「入り込めない」となり、ひいては「責任を明確にしない」という誤解を招きかねないのです。

石橋を叩き割らず とんとん拍子に渡り切れ

段階をきちんと踏んでいかないと前に進めないという習慣。

これは慎重さを順守する日本人の特質ゆえに現れるもので、技術開発や製品開発では、ステップを踏むことが品質の高さを維持するために必要不可欠な条件です。しかし、グローバルビジネスはケースバイケースで、取引や交渉があまりに細かすぎて、慎重すぎるとマイナスにしか働きません。

ビジネスの取りかかりから実行までの行程は、この手順を踏襲するのが日本的です。

日本的ビジネス進行
スタートから契約手続きまで

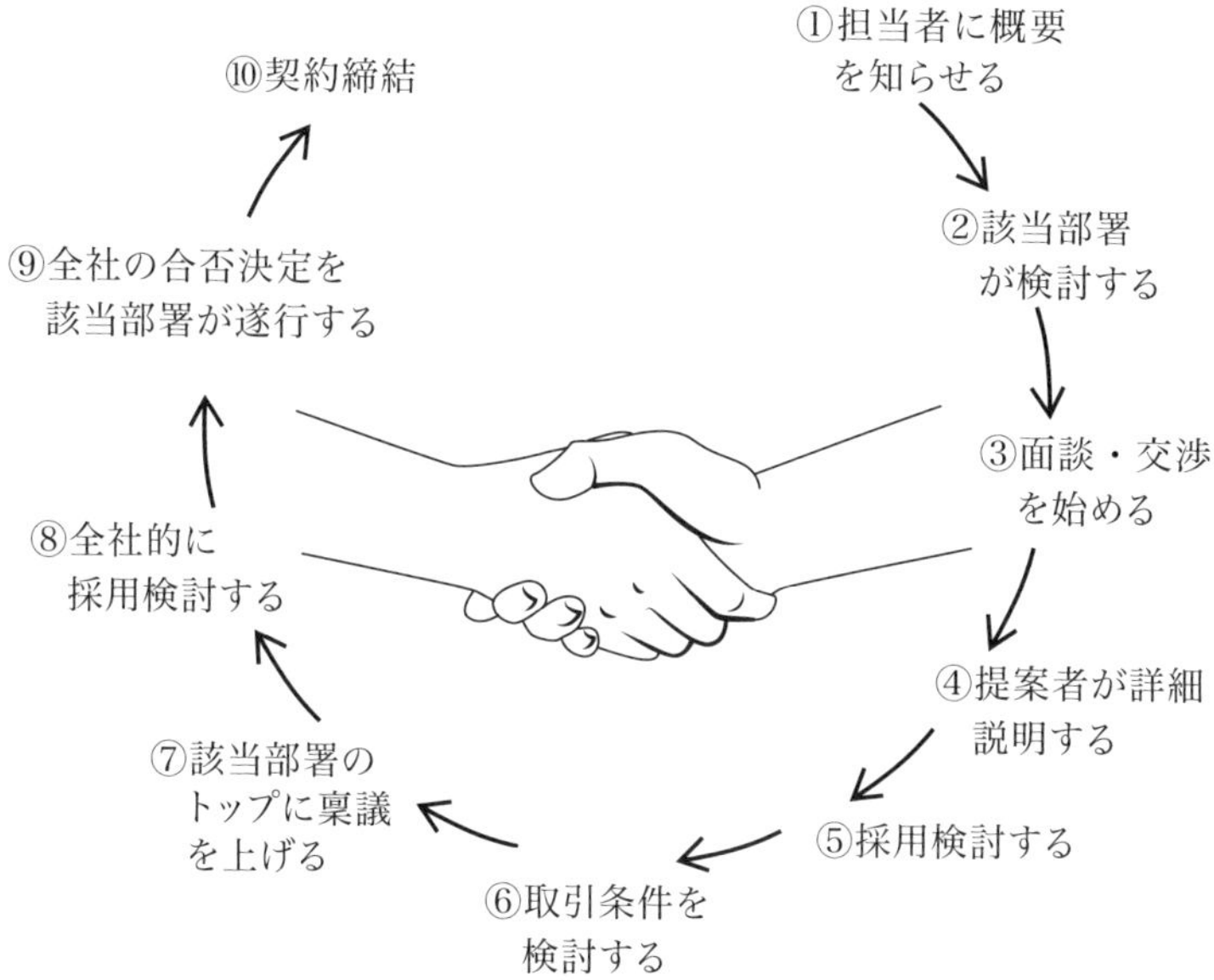
①担当者に概要
を知らせる
②該当部署
が検討する
③面談・交渉
を始める
④提案者が詳細
説明する
⑤採用検討する
⑥取引条件を
検討する
⑦該当部署の
トップに稟議
を上げる
⑧全社的に
採用検討する
⑨全社の合否決定を
該当部署が遂行する
⑩契約締結

このように日本社会では①から⑩まで順を追って細かく詰めていかないと、達成できない慎重派です。途中の責任を負うポストも明らかではありません。確かに、レースのスタートでフライングして失格になるのは得策ではありませんが、スタート時点からスローペースではゴールインさえ危ぶまれます。

グローバルなシーンでは「A、B、Cと進んだら一気にZまで」というスピード感がビジネスを加速させるに違いありません。慎重なあまり交渉に時間をかけ過ぎると、その間に大きな情勢の変化や経営環境の変化が起きて、取引や提携どころではなくなります。

第18章　日本企業を知る5つのポイント

☆ポイント1　慎重さと緻密さが日本製品技術の強み

日本企業に勤務し、自身が起業して、多くの日本企業と接するなかで、一番に学んだのは「日本人の勤勉さと誠実（真面目）さ」です。中国や香港、台湾、マレーシアなど東南アジアの企業とも仕事をしてきましたが、ビジネスの相手として最も信頼できるのは、やはり日本企業であると言い切れます。

日本企業における技術力の高さ、製品・ソフトの開発力には定評がありますが、その日本ブランドの「質の高さ」の背景には、勤勉さと誠実さ、それに新しいものを生み出す革新の精神と、どこまでも品質を追求する完璧主義が生かされています。

完璧主義における「慎重さ」と「緻密さ」は日本人の世界に誇る特質です。製品やサービスの創出には大きなメリット。慎重にステップを踏んでいくプロセスは高性能・高品質のモノづくりに欠かせません。「緻密さ」は、日本の「匠の文化」であり、そこには日本の職人の細部にとことんこだわる心配りがあります。

この心が、製品の使い勝手や使い心地のよさを生み出します。利用者の身になった作り方が新たな日本ブランドになり、日本企業の魔法瓶やタオルが中国人らに好まれる理由になっています。日本車はともかく、一時世界を席巻した日本の電化製品などが低迷し、ブランド力も落ちたと言われましたが、必ずしもそうではありません。とくにアジア地域では、日本の技術力、開発力は今も群を抜いています。

中国人が爆買いする日本製品は、家電、腕時計に化粧品や医薬品、サプリメント、玩具、日用品、ベビー・介護用品にまで及んでいます。高品質と高級感に加えて、利用者への「親切心」がさらに日本ブランドを高めているといわれています。

——ソフト部門にも注目

製品だけではありません。マンガやアニメ、ゲームのソフトVR、IOTは、日本ブランドがアジアを含め世界中に浸透しているのです。

サービスも日本には優れたものがたくさんあります。ホテルのサービスがいい例です。トータルなマネージメントのなかに日本のサービス精神である「おもてなし」の心が込められています。

これは日本人のなかにある「相手を思いやる心」「恩情をかける心」のことです。日本のホテルや旅館には、質の高い接客サービスがあります。私が「和の優」の事業としてホテル運営に着目したのもこうした理由によるものです。

これから日本はどんどん人口が減少し、内需の増加は見込めません。企業はさらに海外に進出するほかなく、国内は外国人客を呼び込む「観光立国」を目指すことになるはずです。

２０２０年の東京五輪・パラリンピックの後に、カジノリゾートが建設される見通しですが、これが観光立国のひとつの試金石になるでしょう。日本の質の高いおもてなしのサービス精神は、更に「強み」を発揮します。

☆☆ポイント2
集団主義は通用しない

日本にも多くのグローバル企業が誕生し活躍していますが、まだ組織には根強い「集団主義」が残っているようです。

しかし、グローバル市場では必ずしも集団力が有効とは限らず、むしろ個人の力が問われます。企業トップ、幹部、一社員、それぞれ個人の立場で実力と責任が問題になります。

——チームワークで達成できる効果

集団力は、団結力やチームワークの力として業務に効果を発揮します。組織の融和的精神が、会社貢献度を高めるのでしょう。企業の力は、集団の組織力で、日本ではとくに「大企業」「一流企業」「一部上場企業」のステイタスが大いに威力を発揮します。

集団主義の「弱点」は、個々人の力と責任を最大化しないために、どうしても自分の守備範囲を出ない、無難な「守り」になりがちなことです。「攻め」の姿勢なくして、このグローバル時代を勝ち抜いていくことはできません。

――年功序列・上意下達は存続しない

年功序列や上意下達は、経営トップや幹部である「上」（上司）がしっかりしていれば機能しますが、そうでない場合は「下」（部下）は「上」に依存して服従主義に陥るか、「上」の優柔不断に嫌気がさすか、いずれにしても積極性のない習慣を生むようになってしまいます。年功序列の上下関係、上意下達の命令系統、そして終身雇用。1980年代までは、日本企業の成長の推進力になったものが、1990年代以降は、むしろブレーキになっています。

――グローバル人VS村人《そんじん》

現在の日本には2種類の日本人がいると感じます。ひとつは、外国語に堪能で海外の状況もよく知る「グローバル人」。もうひとつは、了見と世界の狭い「村人」です。

グローバル人の多い企業は海外でも成功し、村人の組織を温存しているところはグローバル化に失敗しているように思われます。

――部下のヤル気をなくさせる村人の上司

日本有数の化粧品メーカー香港支社の日本人マネージャーは30歳代。仕事もできるしグローバルな感覚の持ち主ですが、交渉の最終判断は本社の上司に仰がなければなりません。上司はバブル世代の生き残りで話がかみ合わず、「あれもダメ、これもダメ」のネガティブな回答ばかり。これでは海外ビジネスが進むはずがありません。

海外での交渉は、現地の感覚と人脈を活用してこそのもの。有能なマネージャーに一定の権限を与えて、ヤル気を起こさせるべきなのです。年功序列、上意下達の集団を優先する組織では、中堅幹部の無責任を招くことが少なくありません。

無能な上司では部下が育たないケースも多いのです。日本企業の香港支社長の仕事といえば、ほとんどが接待ゴルフで、業務は現地の社員まかせ。「上」からの指示をただ「下」に押しつけるだけの無責任幹部です。厳しい商談や交渉こそ自分が立ち会う姿勢でなければ、成約は到底無理です。「上」が甘いと「下」はなおさら甘くなるという好例です。

――Time is priceless

日本企業の下から上へ、上から下へと行き来する意志決定システムでは、時間がかかるうえに、どこかで滞ればすべてが機能しなくなります。それぞれの立場に権限と責任があれば、途中を飛ばしてスピードを優先することも、トップ同士でいきなり決断することも可能になります。

グローバル市場では、交渉は常に他国企業との厳しい競争にさらされ、状況の変化も激しく、スピード感の比重は重いものです。

☆☆☆ポイント3
フォーマットどおりでは交渉は進まない

「慎重さ」「緻密さ」そして「完璧主義」は、「勤勉と誠実（真面目）」とともに日本人の特質といえますが、これも過ぎるとたちまち「弱み」に変わってしまいます。

決められたルール通りにステップバイステップで「AからB、BからC」と慎重にプロセスをたどるやり方は、海外市場における取引や提携といった交渉を進めるうえではマイナスにしか働かないことが多々あります。

異なる「市場文化」（生活習慣やビジネスのやり方）を持つ相手と交渉するのですから、自分の主張をしながら、相手の立場にも配慮してどこかで合意点を見いだす必要があります。

日本企業の場合は、自社の立場、自社のルールにこだわりすぎて、そこを細かく詰めないと先に進めないというところがあります。自分の守備範囲をなかなか出ようとしない。これは相手方からすれば「閉鎖的」と映ります。

しかも異なる市場文化を持つ相手との交渉は、ケースバイケース。状況に応じて柔軟に、臨機応変な対応が求められます。市場戦略は「AからB、BからC」の順番どおりがダメなら、「AからいきなりD」という選択ができなければなりません。

――日中間での商標権譲渡

日本の化粧品メーカーが輸出し、中国企業を通して販売する交渉したケースでのことです。中国市場で販売する場合は、中国企業が商標登録をする必要があり、そのために商標権を譲渡することになりました。

日本の化粧品メーカーは、この譲渡が役割を終えたら速やかに戻すことを求め、万一訴訟になった場合は裁判所を東京とすることを主張しました。これには中国の会社が反発しました。日本側はかたくなに応じない態度でしたが、私は契約書の中に「商標権は自動的に戻る」という項目を入れて、香港の公証役場に届けることを提案。香港ということで日本側の弁護士も納得し、「これなら安心できる」とようやく落着しました。

日本側は契約の段階になると、自社の決められたルール通りにならないと納得せず、細かすぎるところまで慎重に詰めようとします。この慎重な完璧主義は、しかし相手側からは閉鎖的にしかみえません。国際感覚のなさを露呈しているように受け取られるのです。

これは先に述べたように、現地の交渉責任者に十分な権限が与えられていないためでもあります。本社（上司）に報告し、絶えず判断を仰いでいるようでは、現地での柔軟な交渉は望むべくもありません。

海外での交渉で日本人が相手側から「何を考えているのか分からない」と思われることがあります。これは「ＹＥＳ、ＮＯをはっきり言わない」「主張すべきことを主張しない」ところから生じます。

これも慎重になりすぎて結論を「検討したい」と保留すること、「思うところは相手に言わなくても通じるはず」という日本人の特質が裏目に出たものです。ここにも「攻めの姿勢」の欠如が露呈します。

では、異文化を相手に「強い交渉力」を持つグローバル人間はどうやって育成すべきでしょうか。企業にとって人材（社員）は顧客とともに重要な資産です。資産には投資しなければなりません。人材を単なるコストととらえるようでは話になりません。人材投資はグローバル戦略のひとつなのです。

外国語能力とコミュニケーション能力。これが異文化のなかで鍛え上げられることで交渉能力も国際感覚も身についていくのです。

☆☆☆☆ポイント4 極めて薄い国際市場でのリスク意識

日本企業が海外に進出する場合、当然その国や地域に関する情報を事前に調査して収集します。このなかには、生活習慣や雇用慣行、取引ルールなど「市場文化」の違いから起こりうるリスクの把握も含まれます。

たとえば現地に工場やオフィス、施設を作る場合、その場所や環境についての経済的な価値について調べることはもちろんですが、不動産の場合は売買契約や登記の方法などについて日本では想定できないようなリスクが潜んでいることがあります。取引や雇用のルールでも同じです。

――リスクマネージメント

日本企業が中国に現地工場を作り、100人を超す中国人を雇用したが、従業員の処遇をめぐってトラブルが生じ、日本人社長がヤリ玉にあがった。この企業は事前にこうしたケースを想定しておらず、日本人社長はほとんど対応することができず、結局撤退に追い込まれた。

この社長には、トラブル対応の相談や解決の道筋をつけてくれる現地の人脈もまったくありませんでした。

私は事前の現地市場調査・情報収集と、起こりうるリスクの情報は、一体となったものと考えています。取引や提携の交渉においては、リスク対応への十分な備えがないと、どうしても積極的かつ柔軟な攻めの姿勢が鈍るからです。交渉が順調に進めばいいのですが、どこかでトラブルが生じると途端に不安が露呈してしまいます。

リスクマネージメントは、すべての交渉のなかの重要なファクターなのです。リスク対応においては、現地の人脈の「眼に見えない力」がモノをいいます。

――第三勢力

トラブルの処理はむろん法的な対応が前提ですが、中国や東南アジアではそれだけではすまされないケースが多々あります。政界、財界、地元有力者などのルートだけでなく、第三勢力との付き合いが問題解決の道筋を握っていることがあります。

これは何度も述べたとおり、賄賂や不法なことに加担するのではなく、ビジネスとしてこうしたルートによって解決の道筋がつくということです。

日本は先進的な平和国家で、治安の良さも世界トップクラスですが、こと海外でのリスクに関しては、「日本は例外的であること」を十分に認識しておくことが大切です。

――海外邦人にだまされる

日本そばチェーン店の経営者が、マレーシアで多店舗展開する際に、現地の日本人グループに出店や経営を任せて、数千万円をだまし取られた。

海外邦人が扱うインドネシア・バリ島のリゾートマンションや別荘地。売買契約にからむあいまい情報を信用したが、建設計画が遂行されないまま、だまされて契約・支払してしまった。

こうした事例は犯罪ですが、日本人はいかにリスク意識が薄く、危機管理に甘いかを裏返しに証明しているものです。

日本企業のなかには、海外リスクを恐れるあまりに、現地の日本人グループを信用しすぎてだまされるケースもあります。

☆☆☆☆☆ポイント5
異文化を伝える

異なる「市場文化」のなかでは、生活習慣やさまざまな慣行、ルールの違いとともに、製品やサービスの技術力や品質のレベル感の違い、高級感や美的な感覚、使用する際の使い勝手に対する意識の違いなどがあります。

相手の市場文化を的確に把握して、これに対応していくのはマーケティングの基本です。

――要望を伝えてレスポンスを確認する

こちら側の文化を相手に伝え、相手側を指導して、そのレベルを向上させる。これも重要なことです。

中国や東南アジアの技術力や開発力を、低いものとみなして、「日本側が求めるクオリティーを満たす製品ができず、製造発注ができない」と相手を悪者にするだけでは話は進みません。

しかし、そこから脱却する唯一の方法は、外地での日本サイドの丁寧な技術指導・管理です。精緻な製品も、日本企業のもとで製造されると、高品質な製品づくりが可能になり、いっそう相手市場にとっても大きなメリットです。

これによって製造における相互間の信頼関係が生まれ、現地市場に浸透していくのです。中国の生産者にとっても自らの技術や製造能力を高める大きなメリットになりました。

――ユニクロ中国進出では

問題は、海外生産者が日本側の満足する質まで上げる意識を持つことです。クライアントの要望を理解して１００パーセント応えるのがビジネスであると理解して、双方が意識のずれがないかを確認して、遂行するのがポイントです。

こうして私は、中国の優れた工場10社ほどと信頼関係を築けました。そして、商品の品質だけでなく価格競争力も、納期も十分な対応が可能になったのです。

ユニクロの柳井正社長がある本のなかで、『中国に進出して最初は大失敗したが、その後日本のデザイナーやスタッフを中国の工場などに派遣して、うまく軌道に乗るようになった』と話をしていますが、まさに同じ趣旨だと思います。

グローバル時代は、自分の技術力や品質の高いブランド力だけでは十分に戦い抜くことができません。日本企業は勤勉さや技術力の高さで経済大国にのし上がりましたが、グローバル時代に入って対応力を失って低迷しました。

ここにきて世界的な競争力を持つ日本企業も随分と増えてきましたが、さらに発展するには、異なる市場文化のなかで強い交渉力を持ち、同時に相手側にも通じる国際感覚を身につける必要があります。それによって「和の優」はさらに深くアジアをはじめ海外の市場に浸透していくことでしょう。

第19章　マレーシアと日本の架け橋

日本からマレーシアへ

今後の展開は、海外のビジネスサポート、投資コンサルタントをはじめ、中国や東南アジアで人気の女性向けの幅広い商品・サービスを提供する大手グループと提携することが決まり、これから中国市場で店頭販売、ネット販売を展開します。

中国からホームセンター向けの特許商品を輸入して、日本で販売するルートも経験を生かして開拓できました。

日本の優れたホテルサービスとレンタルオフィスの移転ビジネスについても順調に滑り出しています。

コンサルタント業では、香港にある会社の顧問業務として、香港証券取引所への上場、新規公開株に関する日本企業向けのサポートも行っています。證券取引所内での上場の全プロセスを紹介するセミナー開催は好評でした。中国のファイナンス会社の顧問として、日本の企業、個人投資家の海外での資産運用のアドバイスも行います。

また、香港の大手製薬会社とは、日本の製薬会社と提携・買収のサポート顧問契約を結んでいます。

マレーシアから日本へ

2016年11月には、首相官邸で「マレーシア・日本貿易及びビジネス対話会」を開催。両国から商工業界の代表らが多数参加して、交流を深めました。翌年、マラッカ州政府主催で、同様に開催。いずれも日本企業にマレーシア経済の実情とコネクション開設を知ってもらい、つながりを作りたい趣旨でした。この流れを受けて、マレーシアと日本の「経済交流協会」を設立する動きもあります。

2017年12月 日本企業がマラッカ政府投資開発部を訪問

——投資・企業誘致

２０１７年12月には日本の企業を、２０１８年４月には東京都議会の議員約30人をマラッカ投資開発部に招き、マレーシア政府の要人や州知事クラスと会談。鉄道や高速道路のインフラ視察とマレーシアへの投資や企業誘致について意見交換をしました。

かつて１９８０年代までは、日本製のインフラシステムや製品がかなり導入されていたのですが、政権交代によって、ここ20年以上は極めて少ないのが実情です。日本との輸出入もこの５年間は減少傾向。日本企業からの投資も２０１６年の製造業は53件しかありません（いずれもＪＥＴＲＯ調べ）。

2018年4月 東京都議会議員がマラッカ投資開発部を訪問

日系企業は約1400社。最近は製造業のほかに、ファミリーマートやイオン、ユニクロ、楽天なども進出しています。マレーシアは東南アジアで3番目の経済規模があり、観光客は年間2500万人で日本の2倍以上という人気の国です。

成長率は5・9％（2016年）と高く、これからも成長が見込まれています。もっと日本からの投資や企業進出があってしかるべきなのです。

私は近い将来、マレーシアに「税金ゼロ」の日本企業の「特区」をつくり、多くの企業を誘致したいと考えています。具体的な案を作り、政府要人に働きかけているところです。

――仮想通貨

仮想通貨の取引所をマレーシアに開設する構想もあります。無現金化時代のマレーシアは中東の石油マネーが入り込むところでもあり、政界や経済界の関心が強いテーマです。これも日本のノウハウを導入する予定です。

2018年6月、マハティール首相が来日して、安倍首相と会談。「ルックイースト政策」を再び強化して、日本との結びつきを深めることを表明しました。これからますます日本とのビジネスが拡大していくことでしょう。

教育プロジェクトも進行中

マレーシアの後期中等教育学校（日本の高校に当たる）生を対象に、日本の大学へ留学を呼びかける「教育プロジェクト」も進めています。

日本の、とくに私立大学は少子化により学生数が減少しており、経営上も大きな問題を抱えています。そこで、マレーシアの生徒達に、積極的に日本の私立大学留学をアピールするものです。

——日本留学支援

すでにマレーシアの文部大臣の推薦があり、約60校に対して順次、留学セミナーを開催して、専門の相談室も設けます。マレーシアの若者達は、かつての「ルックイースト政策」もあり、日本に強い関心があります。スマートフォンの普及率が高く、アジア地域で最大の「メディア依存」

いつも大勢の人が集まる人気の日本留学セミナー

がマレーシアの若者らしく、最近ではマンガやアニメの日本文化をもっと知りたい人も増えています。

日本留学の関心や意欲調査を兼ねて学校でセミナーを開き、生徒達の現在の成績、難しい日本語、学費や生活費、大学入学、就職などの質問に、自分の留学経験をもとに答えました。

日本では、留学手続きなどに実績のある旅行代理会社と提携。私立大学とは奨学金制度と受け入れ態勢を整えるよう、働きかけているところです。

マレーシアの留学生が増えるのは、日本への理解を深めた人材を育てることにつながります。私が「架け橋」となって、日本とマレーシアとのパイプをもっともっと太くしたいと願っています。

政治家へのステップ

私は自分の人生を10年ごとのステップと考え、一つひとつ上の目標へと進むことを自らに課してきました。

■10歳代で、日本に留学する夢を描き、そのための準備をしました。

■20歳代は、その夢を実現。日本の大学・大学院へと進み、勉強に励んで修士課程を卒業。アルバイトを欠かさず苦しい日々でしたが、父との約束を果たすために努力しました。

■30歳代は、日本企業でのビジネスの勉強です。日本の企業風土、習慣になじめないことも多々ありましたが、これも「反面教師」でした。

この10年で、日本企業のビジネスの理念も学びました。中国との貿易では、勤務会社の収益増に貢献して、自分の力に自信をつけました。

■40歳代は、いよいよ起業して自分の本当の力を試すときです。

「日本の優れたものを、もっと海外へ」を事業の柱にして、さまざまなビジネスに挑戦してきました。

起業して6年、次の6年は香港証券取引所への上場をめざして、さらに飛躍をとげるときです。ビジネスを拡大して、上場にふさわしい規模の会社に成長させなければなりません。

日本に来たとき、手元にあったのは両親から渡された13万円でした。それが億単位の商いをする会社へと大きくなりましたが、まだまだです。

■50歳代は、最後のステップ。マレーシアで政治家になるのが目標です。上場するのは上場益を政治資金として準備するためです。

父のように「社会のために、人々のために貢献すること」が、私の最終的な夢なのです。

ただ、政治にはどうしても多額の資金が必要です。しかし、特権を利用して大儲けをする政治家には、なりたくありません。

自力で資金を用意して、存分に活躍する政治家。これが目指すところです。

新聞報道された日本マレーシア経済フォーラム

2018年7月 東京都議会議員がマレーシア視察と政界の要人らと会談

日本人にも興味がある
マラッカの不動産投資
マラッカに建設される高層
マンションの不動産投資
をコンサルティングする

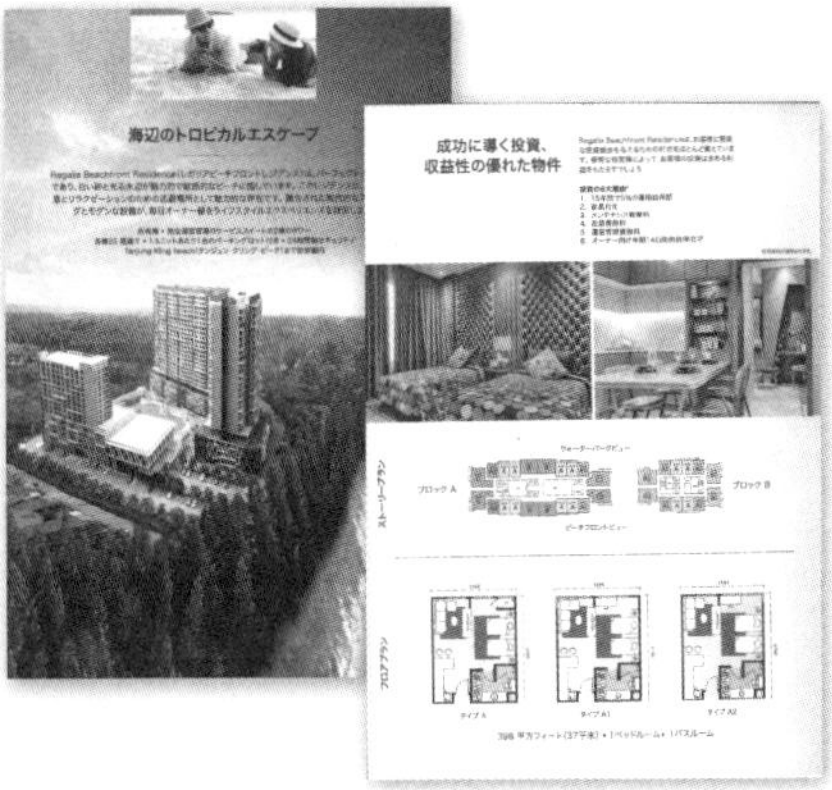

あとがき

私にとって日本は、第二の母国。

実業家として、そして次に政治家としても「日本とマレーシアの架け橋になる」その夢に変わりありません。

国家レベルのプロジェクトを手がけて両国の人々の幸福のために役立ちたいと大きな目標を持ち続けています。

プロフィール　呉《Doh》《ドー》　志豪《Chee Haw》《チハウ》

1973年マレーシア生まれ。1994年来日後、聖学院大学、早稲田大学大学院卒業。

本で読んだ松下幸之助の言葉「社会人になったら10年間は辛抱して頑張れ」に触発され、日本企業に10年間勤めることを決意した。

情報システム会計の会社に入社、IT、ソフト開発に従事、その後不動産投資会社に移り、日本の不動産投資、管理業に携わる。持ち前の行動力と日本人にはない人脈力が内外からも知られるようになり、企画会社からヘッドハンティングされ、海外向け商品の開発業務に携わり、アジア・中国向けの新商品開発や中国の工場管理マネジメントに手腕を発揮、大幅な業績アップをもたらした。当初決意した10年間の日本企業での勤務を終えて2012年株式会社和の優を設立（現在は株式会社和の優グローバル)、CEO (WAYU Ltd. HONG KONG CEO兼務) に就任した。日本の優れたソフト・ハードを海外に輸出する事業を行うと共に、海外不動産投資などのコンサルティングも手掛ける。

マレーシア人が見た！体験した！

日本企業の強みと弱み

2019年3月1日　初版発行

著 者　呉《Doh》《ドー》　志豪《Chee Haw》《チハウ》

発行者　上坂　徹

発 行　フジサンケイ ビジネスアイ（株式会社 日本工業新聞社）
〒100-8125　東京都千代田区大手町1-7-2
☎ 03-3273-6044

発 売　株式会社　エフジー武蔵
〒156-0041　東京都世田谷区大原2-17-6 B1
☎ 03-5300-5757　FAX 03-5300-5751

制 作　株式会社　エフジー武蔵

印刷・製本　文化カラー印刷

Printed in Japan
ISBN 978-4-86646-033-8

定価はカバーに表示してあります。
落丁・乱丁本はお取替えいたします。